Die Erde erfindet sich neu
Band 5 der Reihe *Aufstieg und Leben in der 5. Dimension*

Erzengel Chamuel / Christoph Fasching

Die Erde
erfindet sich neu

ch. falk-verlag

Originalausgabe
© ch. falk-verlag, seeon 2012

2. Auflage, April 2012

Umschlaggestaltung: Christina Riecken, www.chirai.de
Satz: P S Design, Lindenfels
Druck: Druckerei Sonnenschein, Hersbruck

Printed in Germany
ISBN 978-3-89568-236-0

Inhalt

Danksagung

Es ist wichtig, dass der Dank in allererster Linie den Menschen gilt, die sich die Mühe gemacht haben, sich überhaupt schon mit der Thematik zu beschäftigen, denn es ist von Bedeutung, dass die ganze Welt erfährt, dass sich diese Welt völlig neu erfinden wird. Alle sollen wissen, was passiert, und alle müssen mithelfen, dass diese Information zu wirklich allen Menschen gelangt, die sich bisher mit dem sogenannten Aufstieg noch nicht befasst haben.

Vorspann

Diese Erde ist von vielen Ereignissen geprägt, die derzeit über sie hereinbrechen, denn es ist wichtig, dass alle Welt versteht, was gerade in Bezug auf die Veränderungen im Gange ist. Alle Menschen müssen erfahren, dass alles ausschließlich einem einzigen Ziel dient, und dieses Ziel ist letztlich nichts Großartigeres als ein Aufstieg dieser Erde in eine Dimension, die als die Dimension der Liebe bezeichnet wird. Diese Erde wird in sehr naher Zukunft eine völlig neue Art des Lebens erfahren – viele Menschen haben schon verstanden, was auf die Erde zukommt, und viele Menschen tragen die große Sehnsucht in sich, dass etwas Grundlegendes verändert wird. Ihr alle wisst, dass diese Erde dringend einen Ausweg braucht und dass die Gesellschaft eine völlig neue Ausrichtung benötigt, denn sonst ist der Untergang vorprogrammiert. Die Erde hat sich schon so lange darauf vorbereitet, dass jetzt all dies vollbracht werden kann, was die Menschen in ihren Herzen intuitiv wissen. Alles, was derzeit abläuft, ist ein großes Programm, das über viele Jahrtausende gut vorbereitet wurde, und es ist nichts weniger als ein Säuberungsprogramm von Energien, die nicht mehr auf dieser Erde heimisch sein dürfen.

Wenn die Welt auf das Datum des 21. Dezember 2012 zusteuert, dann ist es schon fast geschehen, denn die Energien, die bereinigt werden, sind allesamt seit geraumer Zeit markiert. Alles, was wir bereits vorbereitet haben, ist klar strukturiert, und alle Energien, die bereinigt werden müssen, sind lokalisiert, um mit den Menschen gemeinsam eine Aktion durchzuführen, die nichts weniger ist als ein Programm der Bereinigung des Alten und der Etablierung des Neuen. Ihr Menschen seid aufgerufen, mit uns gemeinsam alles zu bereinigen, was dieser Erde nicht gut tut – ihr seid aufgefordert, die Erde dabei zu unterstützen, diesen Wandlungsprozess zu durchlaufen. Helft alle mit, damit die Erde ihren Reinigungsprozess erfolgreich absolvieren kann – je mehr von euch dabei sind und mitmachen, umso leichter fällt es allen Beteiligten. Ihr alle könnt von nun an nichts anderes mehr tun, als euch darauf vorzubereiten – das ist das Wichtigste überhaupt – seid gewiss, dass alle Systeme eurer scheidenden Gesellschaft von nun an langsam, aber sicher zu Ende kommen. Alles bewegt sich in Richtung Neuanfang, doch zuerst müssen die Hindernisse der alten Welt noch beseitigt werden. Alles, was euch zuletzt noch daran gehindert hat, von euch aus diese Welt zu verändern, ist die Macht der alten Welt, und diese müssen wir mit euch gemeinsam aus der Verankerung heben, um sie beseitigen zu können.

Eure Welt ist derzeit eine einzige Baustelle, auf der in allen Bereichen umgebaut wird, damit sie nach Beendigung der Baustelle in völlig neuem Glanz erstrahlen kann. Ihr könnt euch auf etwas freuen, was seinesgleichen in eurer Geschichte sucht. Ihr seid dann völlig befreit von allem, was euch derzeit noch so massiv behindert und einschränkt – ihr seid befreit von allen Ängsten, die euch tagtäglich begleiten, und ihr seid befreit von allen Verpflichtungen, die man euch auferlegt hat. Ihr seid völlig frei von allen anderen gesellschaftlichen Nötigungen, die euch auferlegt sind, und könnt endlich das tun, wozu ihr hierhergekommen seid. Diese Erde braucht euch alle, denn nicht nur ganz wenige sollen die Arbeit für die Menschen verrichten, sondern möglichst alle Menschen sollen mithelfen – das ist das Wichtigste, was ich euch an dieser Stelle mitgeben möchte, denn alles, was jetzt noch kommt, sind Details und Informationen zu dem, was euch dann erwartet, wenn denn passiert ist, was unaufhaltsam vor euch steht.

Die Erde beginnt zu steigen

Wenn ihr darangeht, den Menschen mitzuteilen, was im Gange ist, dann hebt ihr automatisch die Erde in die nächste Dimension. Alles, was euer Beitrag ist, hilft mit, die Erde zu heben, doch wenn es nur wenige Menschen sind, die mithelfen, dann wird der Aufstieg für die meisten andern Menschen ein sehr schwieriger, da sie nicht wissen, was auf der Erde eigentlich passiert. Dann, wenn alle begonnen haben, mitzuwirken, ist es ein Kinderspiel für euch alle – sollte dies jedoch nicht so sein, dann wird aus dem Spiel für viele bitterer Ernst, denn wenn die Welt nicht durch die Hilfe der Menschen aufsteigt, dann wird sie diesen Weg eben alleine gehen und nicht so viel Rücksicht auf Einzelne nehmen können. Diese Erde will jedoch nicht alleine aufsteigen – sie will euch alle mit dabei haben, und sie will vor allem, dass sich die Menschen darauf freuen und keine Angst davor haben. Diese Welt braucht euch ebensosehr, denn ihr seid ein Bestandteil dieser Erde, und nur als das werdet ihr betrachtet und nicht als einzelne Individuen, die sich eben mal ein schönes Leben machen. Ihr seid Kinder dieser Erde, und die Erde will ihre Kinder alle mit dabei haben, wenn sie das Tor in die Neue Zeit durchschreitet. Alles, was ihr zu tun habt, ist, diesen Prozess in euren Vorstellungen zu fördern und allen Menschen diese Information zu überbringen. Ihr sollt euch darauf einstellen, wie euer Leben in Zukunft aussehen soll – ihr sollt euch darauf vorbereiten, indem ihr darüber nachdenkt, was ihr alle tun werdet, wenn ihr in der Neuen Zeit angekommen seid. Ihr seid aufgefordert, euch Gedanken zu machen, was ihr alles erschaffen möchtet, wenn es denn soweit ist und ihr die Fähigkeiten dazu erkannt habt. Ihr seid aufgefordert, diese Welt völlig neu aufzubauen, denn es wird notwendig sein, diese

Erde so grundsätzlich neu auszurichten, dass nichts mehr, was derzeit normal ist, Platz darin findet. Darauf könnt ihr euch wirklich freuen, denn diese Welt braucht eure Kreativität, und sie braucht euren Einfallsreichtum, wie ihr gewisse Dinge eures täglichen Lebens ganz anders und viel einfacher gestalten könnt, als es heute noch der Fall ist. Das, was ihr vorhabt, ist ein großer Wandel, wie ihr ihn noch nie erlebt habt – es ist einzigartig in diesem Universum, was gerade passiert.

In eurer neuen Welt werdet ihr Dinge vorfinden, die derzeit nicht einmal im Ansatz erkennbar sind, deshalb braucht es in erster Linie eure kreativen Köpfe, denn das ist das Wichtigste, was in Zukunft gefordert sein wird – Kreativität und die Verbindung zur Mutter Erde, die euch alle geboren hat und die euch allen diesen Körper geschenkt hat – sie ist die Göttin, die all dies vollbracht hat, und um sie zu ehren, seid ihr hier. Auf der Erde schlummert ein großes Potenzial an Schöpfergöttern in Form von Menschen, die bisher nicht verstanden haben, wer sie sind. Das, was jetzt auf euch zukommt, ist ein riesiger Erfahrungsschritt, den ihr alle erst einmal machen müsst. Ihr seid aufgefordert, euch mit den Möglichkeiten der neuen Zeit zu beschäftigen, die wir hier näher beleuchten werden, denn vieles davon ist bereits heute in Ansätzen zu realisieren. Daran kann man einen wahren Schöpfergott erkennen, denn es ist wichtig, dass ihr versteht, dass alles, was auf der Erde vor sich geht, letztlich nichts anderes ist als gedankliche Schöpfung. Und als Schöpfer seid ihr eben hier, um gedanklich eure Welt neu zu erschaffen.

Wenn ihr begonnen habt, eure schöpferischen Kräfte genauer zu erforschen, dann habt ihr es geschafft, dann seid ihr in der neuen Welt angekommen. Erst müsst ihr aber Folgendes tun. Stellt euch vor die Frage: Wie könnt ihr der ganzen Welt genau diese Information überbringen, die ihr hier vorfindet? Es wird so sein, dass ihr auf diese Frage zwar Antworten findet, doch sofort wieder davor zurückschreckt, euch ans Werk zu machen. Der Grund dafür ist allen bekannt – eure alten Herrscher werden versuchen, euch daran zu hindern, und sie werden es nicht gut finden, wenn ihr den Menschen so deutlich mitteilt, was gerade alles passiert. Sie werden beginnen, euch daran zu hindern, genau das zu tun, was euer Herz von euch verlangt. Sie tun es derzeit in allen Bereichen, die ihr nur kennt, und dies tun sie nicht erst seit kurzer Zeit, sondern schon seit Jahrtausenden. Wenn ihr aber wirklich Mutter Erde helfen möchtet, dass sie mit euch allen zusammenarbeiten kann, um gemeinsam den Aufstieg zu machen, dann wird es für alle viel leichter sein. Damit ihr dies allerdings könnt, müsst ihr euch wirklich ernsthaft mit der zuvor gestellten Frage beschäftigen: Wie könnt ihr den Menschen sagen, was derzeit passiert und worauf sie sich einstellen müssen? Sucht nach Antworten auf die Frage und sucht nach Möglichkeiten, diese sofort umzusetzen. Tut dies jetzt sofort, denn die Menschen warten auf eine Art Erlösung aus all den Zuständen der alten Zeit.

Frage: Es gibt bereits sehr viele Menschen, die verstanden haben, dass sich diese Welt grundlegend ändern muss, und die auch bereit sind, am Wandel mitzuwirken. Um effektiv mitwirken zu können, müssen wir natürlich genau wissen, was denn alles bereinigt werden muss, was der Erde nicht gut tut – wovon genau die Rede ist und wo genau wir ansetzen sollen.

Antwort: Die Erde ist derzeit von Machthabern, die aus dem Hintergrund wirken, regiert – diese Menschen wissen genau, was derzeit auf der Erde passiert. Sie wissen exakt, welche Vorgänge auf der Erde ablaufen, und sie wissen auch, dass wir alle hier sind, um ihnen letztlich die Macht aus den Händen zu nehmen. Diese Macht ist eure Macht, und eure Macht müsst ihr euch zurücknehmen, denn es ist das Wichtigste überhaupt, dass ihr eure Macht in euren eigenen Händen haltet, denn sonst ist es nicht möglich, als Schöpfer zu fungieren. Diese Macht holt ihr euch, indem ihr den Machthabern klar sagt, dass ihr jetzt an die Macht geht und dass es in eurer Macht liegt, wie es auf dieser Erde von nun an weitergeht. Ihr seid diejenigen, die diese Macht besitzen, denn euer Leben hängt letztlich davon ab, ob ihr weiterhin alles vorgekaut bekommt, was passieren darf und was nicht, oder ob ihr selbst bestimmt, wie das Leben auf der Erde weiterhin verlaufen wird. Ihr seid die Schöpfer und in diese Macht müsst ihr kommen. Das, was derzeit auf der Erde abläuft, ist ein riesengroßes Spiel, das von höchster Instanz inszeniert wurde und jetzt endgültig sein Ende finden muss. Ihr seid diejenigen, die dem Spiel sein Ende bereiten werden, denn ihr seid diejenigen, die den Machthabern klar vorgeben, was jetzt passieren muss. Wir werden mit euch gemeinsam daran arbeiten, dass ihr in die Situation kommt, den Machthabern vorzugeben, wie es weitergeht. Habt Vertrauen, denn dafür sind wir gekommen, um euch das zusammen zu ermöglichen. Wir haben die Vorbereitungen getroffen, und ihr seid am Zug, um alles Weitere zu erschaffen, was ihr haben möchtet. Ihr seid jetzt gefordert, die neue Welt zu erschaffen, und dafür müsst ihr zusammentreffen und diese gemeinsam erschaffen. Seid eine Einheit und präsentiert euch als diese Einheit, dann wird alles so sein, wie ihr es haben möchtet.

Frage: Du sprichst von Bereinigung von allem, was der Erde nicht gut tut – sind damit all jene Menschen gemeint sind, die derzeit nur ihren eigenen Vorteil im Auge haben und skrupellos die Zerstörung der Erde in Kauf nehmen, nur damit sie ihre Macht und ihren Reichtum bewahren können? Oder sind darunter auch noch andere Energieformen zu verstehen, die bereinigt werden müssen?

Antwort: Es sind auf der Erde viele Menschen, die nicht im Sinne der Einheit agieren. Diese Menschen sind jetzt gefordert, sich eine neue Beschäftigung zu suchen, denn das, was sie bisher auf der Erde getan haben, werden sie in dieser Form nicht mehr durchführen können. Sie werden das, was in der Dualität von ihnen gefordert war, nicht weiter ausführen können, denn die Dualität wird eine Veränderung erfahren, die eine nicht mehr so starke Ausprägung vorsieht, wie es bisher der Fall war. Diese Menschen werden jetzt aufgefordert, sich auf die andere Seite zu begeben, denn das ist ihr

Auftrag, um der neuen Ausrichtung auf die Einheit zu dienen. Diese Menschen brauchen von euch die klare Vorgabe, was stattdessen zu tun ist, denn solange ihr nicht klar sagt, was ihr haben wollt, werden diese Menschen immer und immer wieder ihr altes Spiel mit euch treiben.

Frage: Was passiert mit den sonstigen dunklen Energien, die auf der Erde für uns Menschen zumeist unsichtbar geblieben sind?

Antwort: Von den Energien, von denen du hier sprichst, werden keine Restbestände mehr übrig bleiben, denn es wird alles bereinigt, das nicht im Sinne der Liebe ist. Alles muss weichen, selbst diese alten Formen der dualen Welt müssen ihren Weg nach Hause finden.

Frage: Viele Menschen glauben, dass „die guten" Menschen, die ihre Herzensbildung soweit absolviert haben, um den Aufstieg mitzumachen, am 21. Dezember 2012 mit riesigen Raumschiffen abgeholt und in eine andere, völlig friedliche Welt gebracht werden. Alle anderen würden hier bleiben und ihre Erfahrungen in der Dualität unverändert fortsetzen. Was hat es damit auf sich?

Antwort: Die Menschen, die den Aufstieg nicht mitmachen werden, die können auf dieser Erde nicht weiter existieren, denn es wird dazu kommen, dass sich die Schwingung so sehr anhebt, dass nur die Menschen weiterleben können, die sich auch auf das neue Schwingungsniveau eingestellt haben und deren Körper dafür vorbereitet sind. Alle anderen werden die Erde verlassen, und das werden sicherlich viele Menschen sein, denn die Entscheidungsfindung ist so weit fortgeschritten, dass zahlreiche zwar noch unklar sind, wie das Leben weiter verlaufen soll, doch zahlreiche haben sich bereits gegen die weitere Entwicklung in die 5. Dimension hinein entschieden.

Frage: Vorhin hast du erwähnt, dass die Machthaber genau wissen, welche Prozesse auf der Erde derzeit ablaufen und dass ihre Macht dem Ende zugeht. Ist es richtig, dass die Machthaber immer schon wussten, wie das Spiel auf der Erde funktioniert, weil sie im vollen Bewusstsein inkarniert sind und die Straße des Vergessens nicht gegangen sind? Warum musste dieses enorme Ungleichgewicht geschaffen werden, und wozu diente es, die Spielregeln so einseitig auszulegen? Die Auswirkungen und das Endergebnis des Experiments auf der Erde musste doch klar vorhersehbar gewesen sein? Ich bitte um Erklärung!

Antwort: Das, was ihr hier auf der Erde erlebt habt, ist eine große Ansammlung von Ereignissen, die niemals in dieser Form möglich gewesen wären, wenn nicht Kräfte zur Verfügung gestanden hätten, die dieses Spiel bewusst ermöglicht hätten. Seht dies als positive Erwägung, denn das, was diese Kräfte ermöglicht haben, wäre euch niemals in der Form zur Verfügung gestanden, wenn es nicht so im Detail ausgearbeitet gewesen wäre, wie es hier stattgefunden hat. Seid versichert, dass alles bereinigt wird und dass keine Energieform mehr zurückbleibt, die nicht den Weg der Liebe gehen möchte. Das Leben, das ihr hier vorgefunden habt, war auf der Basis aufgebaut, dass es Kräfte geben musste, die immer und immer wieder dafür gesorgt haben, dass dieses Leben genau so verlaufen konnte, wie es verlaufen ist. Niemand hätte es sonst besser machen können als Kräfte, die eben dafür so vorgesehen gewesen sind. Macht euch frei vom Gedanken, dass es sich dabei um Menschen handelt, die nichts Gutes für euch wollten, denn es sind letztlich Kräfte, die zwar der Erde einen gewissen Schaden zugefügt haben, doch die genau dazu den Auftrag hatten, um euch Erfahrungen zu ermöglichen, die sonst nicht möglich gewesen wären. Das, was ihr auf der Erde vorgefunden habt, diente wirklich nichts anderem, als nur die Dualität zu erfahren, denn ihr seid diese dualen Wesen, die sich für eine Seite zu entscheiden hatten – diese Entscheidung wird jetzt getroffen, und jeder, der die lichte Seite wählt, der wird diesen Weg auf der Erde weitergehen können.

Frage: Um die Mächtigen ihrer Ämter zu entheben, bedarf es der Zusammenarbeit außergewöhnlich vieler Menschen, denn nur die Einheit einer unvorstellbar großen Anzahl von Menschen wird in der Lage sein, die Systeme der alten Zeit aus der Verankerung zu heben. Die Angst der Menschen verhindert dies derzeit noch – wird sich das ändern?

Antwort: Das, was du hier ansprichst, ist das Hauptproblem, das ihr Menschen derzeit habt. Ihr glaubt, dass die Mächtigen euch allen zu mächtig sind, und ihr glaubt, dass es euch unmöglich sein wird, diese Machtkonstrukte auszuhebeln. Daran scheitert ihr schon die ganze Zeit, denn indem ihr immer wieder glaubt, dass es eben nicht möglich ist, so werdet ihr immer und immer wieder auch diese Erfahrung machen. Es ist möglich, und ihr müsst euch nur zusammentun, denn ein Einzelner wird dazu nicht in der Lage sein, denn er braucht eine Vielzahl von Unterstützern, damit die Mächtigen erkennen, dass jetzt wirklich der Zeitpunkt gekommen ist, wo die alten Systeme ihr Ende finden müssen. Das, was auf euch wartet, ist ein klarer Marsch auf die Machtbastionen der Mächtigen der derzeitigen alten Welt – ihr müsst dorthingehen und klarstellen, warum ihr gekommen seid, denn nur so wird eure Macht deutlich werden. Geht dorthin und zeigt auf, dass ihr eure Macht soeben zurückgenommen habt und soeben begonnen habt, eure Geschicke selbst zu bestimmen.

Frage: Was genau sollen wir wann tun, und wie erfahren wir es?

Antwort: Es ist wichtig, dass ihr darauf vertraut, was ihr in euch selbst verspürt – wir werden euch alle anleiten, und wir werden euch führen, und wir werden euch alles vorgeben, was jetzt am Wichtigsten zu tun ist – wir sind da, und wir sind mit euch allen gemeinsam unterwegs, um alles vorzubereiten, was getan werden muss. Wir sind da, und ihr seid diejenigen, die dann umsetzen, was wir mit euch gemeinsam vorbereiten – habt Vertrauen, das ist das Wichtigste, und vertraut auf das, was ihr intuitiv wisst!

Frage: Vielen fehlt der Mut, sich gegen die Systeme zu stellen und offen ihren Widerstand zu bekunden – wie schaffen wir es, dass die Menschen über ihren Schatten springen und sich dieser Bewegung anschließen?

Antwort: Das Leben ist für die Menschen derzeit alles andere als einfach – viele verspüren einen enormen Druck und möchten schon bald diesem Druck entfliehen – dies könnt ihr aber nicht so einfach, denn die Systeme, die euch derzeit noch kontrollieren, sind mächtig. Ihr solltet aber wissen, dass die Menschen, die derzeit noch in den Systemen gefangen sind, nicht mehr lange darin bleiben können. Ihr seid dann gefordert, allen Menschen klarzumachen, dass es nur dann möglich ist, aus dem alten System auszubrechen, wenn ihr zusammenwirkt und alles selbst in die Hand nehmt. Ihr seid diejenigen, die all das so vollbringen werden. Habt auf das Vertrauen, was euch die Menschen intuitiv sagen werden, habt Vertrauen auf alles, was derzeit im Gange ist, denn es dient letztlich nur eurer Befreiung aus den Fängen der alten Welt.

Frage: Werden die Mächtigen dem Druck der vielen Menschen denn dann wirklich weichen?

Antwort: Sie werden es gerne tun, denn sie erkennen daran, dass ihre Aufgabe erfüllt ist, und darauf warten sie ja bereits.

Frage: Was ist, wenn sich die Menschen nicht aufraffen und zusammen eine völlig neue Struktur erschaffen?

Antwort: Das, worauf ihr euch da zubewegt, ist euch nicht so unbekannt, wie ihr immer glaubt – ihr müsst lediglich ganz einfache Wege gehen und zusammen beginnen, diese neue Welt zu erschaffen. Ihr werdet auf jeden Fall zusammenkommen, und ihr werdet auf jeden Fall dafür sorgen, dass die Regionen völlig autonom alles herstellen können, was sie haben möchten. Das ist absolut gewiss, denn der Mensch hat in seinem Bewusstsein ganz tief verankert, dass diese Welt so nicht bleiben darf, und deshalb wird sie durch ihn auf jeden Fall verändert werden. Das ist absolut gewiss und es gibt keine Zweifel daran, dass ihr dies tun werdet, denn so ist es von euch bestimmt worden. Das, was ihr euch aufgetragen habt, ist der Auftrag an uns, euch daran zu erinnern.

Frage: Herrscht somit unumstößliche, absolute Gewissheit, dass wir noch bevor das Jahr 2012 zu Ende geht, all das erreicht haben?

Antwort: Das, was du unumstößlich nennst, ist euer Auftrag an euch selbst, und wir haben den Auftrag, dies mit euch gemeinsam zu erreichen.

Frage: Kann das Vorhaben noch scheitern? Was wäre dann?

Antwort: Deine Welt geht ihrem Ende zu, und das Ende bedeutet, dass alles bereinigt werden muss, was nicht dem Prinzip der Liebe entspricht. Ihr habt es euch selbst aufgetragen und ihr werdet es auch vollbringen – das ist definitiv so zu erwarten.

Frage: Wie genau wird das möglich werden?

Antwort: Es ist folgendermaßen: Die Menschen werden so lange in ihre inneren Prozesse verwickelt werden, bis sie das alles nicht länger ertragen können. Sie werden nicht mehr imstande sein, all das zu unterstützen, was derzeit noch auf der Erde praktiziert wird. Niemand wird mehr in der Lage sein, das weiterzumachen, was er derzeit noch tut, sofern es nicht dem Prinzip der Liebe entspricht. Niemand wird es mehr können, und alle werden suchen und werden die Antwort finden. Dann, wenn alle diesen Punkt erreicht haben, dann werden diejenigen aufstehen, die das Ganze bereits so lange vorbereitet haben, was sie auf der Erde gerne im Sinne der Einheit verwirklicht sehen möchten. Alle werden es klar und deutlich zu hören bekommen, und dann wird alles klar sein, und die Welt wird von diesem Tag an einen völlig neuen Weg gehen. Die Welt hat von diesem Tag an eine Menge an Arbeit vor sich, denn es braucht etwas mehr Zeit, um das alles umzuarbeiten, was jetzt noch nicht im Sinne der Einheit praktiziert wird. Alle werden mithelfen, denn es ist den Menschen von Herzen ein Bedürfnis, dass alles ganz schön wird und schnell geht.

Frage: Ich verbreite nun schon seit etwas mehr als 2 Jahren diese Botschaften und zu meiner großen Freude haben weit mehr Menschen, als von mir erwartet, begonnen, sich mit der Thematik auseinanderzusetzen. Das größte Hindernis für die meisten ist jedoch, dass man uns nicht glaubt, wenn wir mit anderen Menschen darüber sprechen, und wir werden oftmals für verrückt und weltfremd erklärt. Nach einigen solchen Erlebnissen schreckt jeder zurück und sagt sich, dann eben nicht – behalte ich es eben für mich. Wie können wir diese Hürde überwinden?

Antwort: Es ist nicht wichtig, dass ihr unbedingt jeden einzelnen Menschen erreicht, sondern es ist wichtig, dass ihr beginnt, in eurem Umfeld den Menschen wirklich ganz genau zu erzählen, was es denn damit auf sich hat. Ihr seid aufgefordert, in eurem unmittelbaren Umfeld dafür zu sorgen, dass wirklich alle Menschen Bescheid wissen, ihr seid die Multiplikatoren, die dieser Welt von den Informationen der Neuen Zeit berichten. Dass man euch Glauben schenkt, wird sich im Laufe der Zeit einstellen, doch das Wichtigste ist, dass die Menschen Bescheid wissen, dass sie erfahren, was es wirklich von euch zu sagen gibt.

Frage: Jeder kann in seiner Familie, mit seinen Freunden und Arbeitskollegen darüber sprechen und aufstehen und ihnen mitteilen, was er zu sagen hat. Jeder kann seinem Umfeld berichten, was er gelesen und erfahren hat und wovon er überzeugt ist und von welcher wundervollen Welt er nicht nur träumt, sondern sie in Gedanken bereits zu erschaffen begonnen hat. Es muss jedem egal sein, was Einzelne vielleicht Abfälliges

dazu sagen könnten. Jeder sollte sich meiner Meinung nach sogar ver-
pflichtet fühlen, allen kundzutun, was wirklich Sache ist. Wir müssen
unseren Ängsten gegenübertreten und sie beiseite räumen und allen Mut
aufbringen, um laut und deutlich zu sagen, welche Überzeugung wir
im Herzen tragen, wer wir sind und was jetzt zu tun ist! Ist das der
richtige Weg?

Antwort: Diese Welt braucht in erster Linie mutige Menschen, und
diesen Mut aufzubringen, ist vielen bisher nicht leichtgefallen. Dies
soll sich aber jetzt ändern, und alle, die bisher noch davor zurückge-
schreckt sind, sind gefordert, sich an die Front zu wagen und allen
Menschen klarzumachen, dass sie die Schöpfer sind, die das alles erschaffen haben und die jetzt die Gelegenheit haben, alles zu verändern, denn jetzt werdet ihr befreit aus der Abhängigkeit der alten
Welt und von den Machthabern, die dafür gesorgt haben, dass sich
diese Welt so weit von dem entfernt hat, was ihre wahre Bestimmung ist.

Frage: Ich erinnere mich an eine Empfehlung von Erzengel Michael,
der gesagt hat, wir sollten in unserem Familien- und Freundeskreis täg-
lich 15 Minuten darüber diskutieren, was es bedeutet, ein Schöpfergott
zu sein. Ist dies eine geeignete Methode, um sich mit unserem wahren
Sein in Verbindung zu bringen?

Antwort: Es gibt keine bessere Methode, als in der Gruppe zu diskutieren, was es bedeutet, schöpferische Kräfte zu besitzen, und wie
man diese am besten einsetzt. Diese Auseinandersetzung mit euren
Fähigkeiten ist der beste Weg, sie wiederzuentdecken. Macht dies
unaufhörlich jeden Tag und immer öfter, und ihr werdet feststellen,
dass ihr bald darauf kommen werdet, wie ihr diese Kräfte am besten
für eure Zecke und zum höchsten Wohle aller einsetzen könnt.

Frage: Ist es deiner Meinung nach sinnvoll, z.B. allen Familienmitglie-
dern und Freunden sowie allen Kollegen am Arbeitsplatz einen Zettel in

die Hand zu drücken oder eine interne E-Mail zu senden, auf dem die wichtigsten Grundinformationen festgehalten sind und die Menschen aufgefordert werden, sich näher mit der Thematik auseinanderzusetzen?

Antwort: Ihr seid alle dazu aufgefordert, alles Mögliche dazu beizutragen, um allen Menschen diese Informationen zugänglich zu machen. Ihr alle seid Teilhaber des Wissens, und ihr alle seid jetzt aufgefordert, alles – wirklich alles – dazu beizutragen, dass die Menschheit vollständig informiert ist, was auf euch zukommt.

Die Welt kehrt um

Es ist so, dass ihr zwar verstehen werdet, dass sich diese Welt grundlegend verändert, doch manchmal werdet ihr nicht ganz nachvollziehen können, warum bestimmte Veränderungen überhaupt notwendig sind. Und doch dienen alle letztlich der völligen Gesundung der Erde, die es bitter nötig hat, diese Veränderung zu erfahren. Ihr erkennt nicht die Zusammenhänge und daher müsst ihr vieles einfach hinnehmen, was auf euch zukommt. Macht euch nicht zu viel daraus, sondern seid einfach offen für alle Veränderungen, die sich einstellen. Ihr erkennt es daran, dass ihr alle einfach nur zusehen könnt, wenn es geschieht. Es ist euer Leben, das ich hier beschreibe – euer Leben, das ihr in naher Zukunft erdulden müsst, denn die Umstellungsphase wird einige Zeit in Anspruch nehmen. Wisst, dass diese Welt durchaus große Schwankungen haben wird, wenn sie beginnt, die Richtung zu wechseln, und dass diese Schwankungen in den verschiedensten Bereichen dieser Erde stattfinden werden. Diese Umwälzungen werden energetisch vieles freilegen, was derzeit im Untergrund verborgen ist – vieles wird zutagetreten, wenn diese Welt beginnt, sich vollständig zu wandeln. Das geht einher mit ganz gewaltigen Veränderungen auf der Oberfläche, mit denen ihr konfrontiert werdet.

Ihr könnt euch darauf freuen, denn das, was zutagetritt, wird euch allen, auch wenn es im ersten Moment nicht so aussehen mag, eine große Freude bereiten. Dann, wenn alles Verborgene an die Oberfläche gekommen ist, erst dann werdet ihr erkennen können, wovon ich heute hier spreche. Dann, wenn ihr verstanden habt, was für Schätze da für euch geborgen worden sind, wird diese Welt ihren Kurs erst so richtig einnehmen können und die Erde zu dem hell leuchtenden Stern machen, der das gesamte Universum erhellen wird. Ihr seid dann in der Lage, euch auf viele neue Erfahrungen vorzubereiten, die euch dazu führen, dass ihr alle zusammen eine Entdeckung macht – und diese Entdeckung ist die, dass ihr alle zusammengehört und dass ihr alle zusammen diese großartige Welt zur Verfügung habt, um euch auf einer großen Spielwiese zu betätigen, die man auch als schöpferischen Kindergarten bezeichnen könnte. Alles wird noch viel intensiver sein – alles wird noch heftiger sein, als ihr es euch heute vorstellen könnt. Ihr seid alle aufgerufen, wirklich alles, was passiert, mit ganz anderen Augen zu sehen, denn die Veränderungen sind wirklich intensiv, und sie sind wirklich schwer einzuordnen für einen Menschen, der nicht weiß, was eigentlich passiert ist und wozu das Ganze dient.

Einerseits könnte es manchen freuen, wenn er erkennt, wie sehr sich die Welt wandelt und aufbäumt, um all die Altlasten abzuschütteln – andererseits könnte man sich zu Tode erschrecken, wenn man erkennt, dass sich Bereiche der Erde öffnen, die bislang als sicher galten. Das, was euch allen dabei in den Sinn kommen soll, ist, dass all dies einen wirklich höheren Sinn hat und dass die Menschheit genau diese Veränderungen braucht, um sich von den Dingen zu befreien, die sie so lange Zeit geknechtet haben. Alles, was euch bisher an Information zugetragen wurde, ist sicherlich nicht so intensiv gewesen, wie ich es euch heute darzulegen versuche, denn die Veränderungen stellen einen gewaltigen Eingriff in das Leben von euch allen dar. Das ist nicht die Art und Weise, wie wir üblicherweise mit euch kommunizieren, da wir euch allen normalerweise die Erfahrungen lassen, die das Leben für euch vorbereitet hat, doch in diesem Falle haben wir die Aufgabe, euch darauf vorzubereiten, denn so etwas habt ihr bisher noch niemals erleben dürfen, und ihr kennt gar keine Situation, die damit vergleichbar wäre. Es ist so, dass sich dies zwar schrecklich anhört und manchen sicherlich etwas überfordern wird – auch zu beobachten, dass Menschen diesen Weg wählen, um das Leben auf der Erde zu beenden, denn auch das gehört mit dazu. Darüber hinaus werden viele Menschen gar keine Vorstellung haben, wie ihr Leben denn jetzt weitergehen soll, da es so intensiv sein wird und dadurch vielen die Vorstellung einer Zukunft genommen werden könnte. Nehmt euch dieser Menschen an, denn sie warten auf eine intensive Zuwendung von Menschen, die ihnen verstehen helfen, was gerade eben passiert ist. Diese Welt wird zum Ende der Umstellung für viele gar nicht mehr zu erkennen sein, denn zu viel hat sich verändert. Auch das sollte auf dem Plan stehen, denn das ist wichtig zu wissen – ihr alle braucht einen Plan, wie ihr diese Welt dann neu gestaltet, denn alles, was ihr derzeit kennt, wird nicht mehr funktionieren – ihr braucht Alternativen zu euren Systemen und Strukturen, die dann der Vergangenheit angehören. Ihr seid jetzt im Vorfeld gefordert, euch intensiv damit auseinanderzusetzen, wie diese neue Welt funktionieren soll, denn nur wenn ihr eine klare Vorstellung davon habt, wie ihr euch das Leben dann gestalten möchtet, wird es auch dazu kommen können, dass dies so eintritt. Ihr seid gefordert, euer schöpferisches Potenzial von nun an gezielt zu nutzen, damit diese Welt das werden kann, was sie sein sollte.

Frage: Du bereitest uns auf notwendige gigantische Umwälzungen und Veränderungen vor, die offenbar nicht nur die politischen, wirtschaftlichen und gesellschaftlichen Strukturen betreffen, sondern auch die Erdoberfläche, und zwar in einem Ausmaß, das wir uns nicht einmal im Ansatz vorstellen können. Deine Worte könnten Einzelnen die Sorgenfalten auf die Stirn zaubern und ein mulmiges Gefühl in der Magengrube verursachen – damit wir zumindest ansatzweise eine gewisse Vorstellung davon bekommen können, bitte ich dich um nähere Details, worauf wir uns einstellen müssen.

Antwort: Es wird so sein, dass sich an vielen Stellen in der Erdkruste gravierende Umstrukturierungen ergeben werden – ihr solltet also wissen, dass diese Umwälzungen nicht dazu dienen, euch Angst zu machen oder sonst irgendetwas zu verursachen, das euch beunruhigt, sondern dass sich die Erde völlig von all den alten Lasten befreien kann. Dies muss passieren, denn nur so kann die Erde von ihren Peinigern befreit werden, die derzeit noch so viele unschöne

Dinge auf der Erde verursachen. Es ist so, dass diese Umwälzungen in weiten Teilen der Erde auftreten werden und sogar so intensiv sein können, dass die Gegenden vollständig verändert wiederzufinden sind, wenn diese Vorgänge abgeschlossen sind. Diese Veränderungen sind von weitreichender Natur und ganze Landstriche könnten verändert werden, wenn dies alles passiert. Die Erde braucht diese Veränderung, denn nur so kann diese neue Erde entstehen, von der wir euch schon so lange berichten. Es kann sein, dass euch Kontinente, wenn ihr sie aus der Luft betrachtet, nicht mehr bekannt vorkommen, denn ihr Äußeres hat sich dann so stark verändert, dass die Strukturen der alten tektonischen Platten nicht mehr klar zu erkennen sind. Wenn ihr dann auf die Erde blickt, werdet ihr erkennen, dass sich neue Kontinente gebildet haben, die derzeit völlig unter Wasser sind, und dann werdet ihr sehen, dass es Dinge auf der Erde gibt, die ihr bisher nicht gekannt habt. Wenn all das vorbei ist, wird sich die Erde völlig neu ausgerichtet haben, und ihr werdet dann wahrnehmen, dass der Lauf der Sonne ein ganz anderer ist, als ihr es bisher gewohnt wart. Es wird so sein, dass die Erde einen völlig anderen Tagesablauf hat, den ihr so nicht kennt, und die normalen Verhaltensmuster von allem, was ihr kennt, werden nicht mehr gültig sein, weil alles nicht mehr so ist, wie es vorher einmal war.

Frage: Im Buch „Was ihr wissen solltet. Aktuelles zum Aufstieg" gibt der Menschheitslehrer P'taah an das Medium Gabriele Müller eine Vielzahl von Ereignissen durch, die zum Teil aus rein menschlicher Sicht als extrem dramatisch bezeichnet werden könnten, obwohl dies rein eine Frage der Perspektive ist. Mich interessiert, ob all die Ereignisse denn wirklich notwendig sind und ob wir die Möglichkeit haben, das eine oder andere Ereignis zu verhindern, und was wir dazu beitragen können, um es zumindest abzumildern?

Antwort: Die Welt braucht viele dieser Ereignisse, weil sich dadurch so viele alte Energien aus der Erde befreien können – dazu sind sie einerseits auch da. Dadurch werden sehr viele Bereiche der Erde befreit und sie kann aufatmen. Es ist so, dass die Ereignisse, die in eurer Gesellschaft passieren werden, natürlich durch euer Zutun verändert werden können, doch bedarf es dazu eurer Einheit – ihr müsst geeint dagegen vorgehen, denn dann kann vieles verändert werden. Tut ihr dies nicht, so werden natürlich zahlreiche Ereignisse der verschiedensten Art die Welt durcheinanderbringen und letztlich dazu führen, dass das große Chaos in vielen Bereichen unvermeidbar wird. Die neue Erde muss durch dieses Chaos erst erschaffen werden – alles geht durch das Chaos, denn das Chaos ist die Reinigung von allem Alten, das nicht mehr weiter existieren kann. Die neue Erde braucht dieses vorhergehende Chaos, denn sonst würde ja niemand merken, dass sich etwas vollständig verändert, wenn alles gleichbleiben würde. Ihr könnt diese neue Erde nur dadurch erschaffen, dass ihr alle alten Systeme auf einen Schlag durch neue ersetzt. Anders ist es nicht möglich, sonst würde es wahrscheinlich ewig dauern, bis die Erde ihre Befreiung bekommt. Die Auswirkungen können in ihrem Ausmaß durchaus verändert werden, wenn ihr euch alle zusammentut, um der Erde einen Liebesdienst zu erweisen. Stellt euch vor, dass plötzlich eine enorm große Anzahl von Menschen aufsteht und alle zusammen einen Liebesdienst an Mutter Erde leisten. Dieser Liebesdienst könnte sein, dass ihr gemeinsam ein Gebet sprecht und das höchste Wohl von Mutter Erde erbittet, denn die Vorgänge, die dadurch in Gang gesetzt werden, könnten euch allen sehr dienlich sein. Helft zusammen und macht viele Rituale, die für Mutter Erde einen positiven Effekt haben – seid geeint und steht auf, um zu zeigen, dass ihr alle den Weg der Brüderlichkeit in Liebe zueinander und zur Erde gehen möchtet. Seid geeint und zeigt auf, dass diese Erde hier, wo ihr seid, bereits ihre Reinigung durch euch erfahren kann. Es ist wichtig, dass ihr dies versteht, denn ihr könnt dadurch vieles abmildern, was euch widerfahren könnte. Also seid geeint und tretet zusammen gegen die Systeme auf, die derzeit die Erde noch so sehr belasten.

Frage: Wird das versunkene Atlantis durch die enormen Verschiebungen der tektonischen Platten tatsächlich wieder gehoben?

Antwort: Es wird so sein, dass Teile dessen, was versunken ist, wieder an die Oberfläche treten und euch allen zugänglich sein werden, was natürlich weitreichende Folgen für euch alle haben wird, denn alles, was euch in Atlantis zur Verfügung gestanden ist, wird wieder da sein, und dann seid ihr plötzlich in einem Schlaraffenland an Möglichkeiten angekommen, die euch bisher nicht einmal im Ansatz zugänglich waren.

Frage: Welche Möglichkeiten sind das?

Antwort: Es ist so, dass die atlantischen Möglichkeiten so zahlreich und vielfältig sind, dass diese hier einzeln aufzuführen, den Rahmen dieses Buches sprengen würde. Ihr werdet auf jeden Fall um so viele Neuigkeiten bereichert, dass es euch ein Freude sein wird, wenn ihr das erste Mal dort ankommt, um so viele Informationen wie möglich aufzunehmen. Es wird euch u.a. möglich sein, eure Körper völlig zu verändern, denn das Wissen um die Steuerung eures Körpers ist voll und ganz dort zugänglich.

Frage: Ich verstehe, dass es in diesem Buch in erster Linie um die Neuerschaffung der Erde durch uns Menschen geht, doch bin ich von Natur aus neugierig und will natürlich wissen, was sonst noch alles in den verschiedensten Regionen der Erde zutage treten wird?

Antwort: Das, worauf ihr stoßen werdet, sind Informationen, die in der Innen-Schicht der Erde verborgen liegen – ihr werdet, nach außen gestülpt, erkennen, was die Erde alles für euch zu bieten hat, denn dabei geht es in erster Linie um Möglichkeiten, Tore zu durchschreiten, die euch in Welten führen, die ihr bisher nicht erahnen konntet. Das, was ihr zu sehen bekommt, ist nur dann zugänglich, wenn die Menschen vorhanden sind, die dazu auserwählt wurden, euch diese Tore zu zeigen und mit euch gemeinsam den Weg zu beschreiten.

Frage: Der veränderte Verlauf der Sonne bedeutet demnach, dass sich auch die Erdachse verschieben wird und die Pole nicht mehr dort zu finden sein werden, wo sie bisher waren. Wie wird dies ablaufen, und was bekommen wir von der Verschiebung der Pole mit?

Antwort: Die Pole werden sich sehr deutlich verschieben, denn alles, was dazu geführt hat, dass die Erdachse derzeit einen schrägen Winkel eingenommen hat, wird rückgängig gemacht. Alles, was dazu beigetragen hat, dass sich die Pole dort befinden, wo sie sind, wird rückgängig gemacht, damit die Erde ihre volle Anbindung an die kosmische Nachrichtenstation erhält – das ist die Anbindung an die Zentralsonne eurer Galaxie. Das, worauf ihr Rücksicht nehmen müsst, sind zahlreiche Verschiebungen der Erdoberfläche, diese werden in weiten Teilen eurer Länder überall spürbar sein. Dann, wenn dieser Vorgang anbricht, werdet ihr alle mitbekommen, dass die Erde in einer völligen Unruhephase ist, und ihr werdet wissen, dass auch ihr jetzt in euch gehen müsst, um genau diese Veränderungen in der Erde auch in euch vorzunehmen. Eure Ausrichtung ist damit gemeint, denn ihr seid dann alle wieder angebunden an die kosmische Erinnerung, und alle wissen, woher sie stammen, und alle wissen, dass diese Erde jetzt einen völlig neuen Auftrag bekommen hat. Das, worauf ihr euch einstellen sollt, ist die innere Anbindung an alles, was ist – ihr seid dann nicht mehr ein einzelnes Individuum, das völlig getrennt agiert, sondern ihr seid angebunden und somit Teil einer großen Einheit.

Frage: Werden durch die Neuausrichtung der Erdachse auch die Jahreszeiten aufhören? Entsteht dadurch ein über das ganze Jahr andauerndes gleichmäßiges Klima in allen Regionen der Erde?

Antwort: Das, was ihr Jahreszeiten nennt, ist die Folge einer völligen Instabilität eurer Achse, daher ist es wichtig, dass dies Achse auch wieder in eine stabile Lage kommt – ihr seid davon genauso betroffen wie Mutter Erde, denn ihr seid ein Teil der Mutter, und als ihre Kinder müsst ihr euch genauso darin umstellen, damit dieses innere Gleichgewicht hergestellt wird. Wenn dieser Prozess abgeschlossen ist, dann sind natürlich auch eure Jahreszeiten völlig verändert, denn die natürlichen Prozesse in eurer Natur laufen dann alle ganz anders ab als bisher – es wird diesen Rhythmus der Veränderungen im Laufe des Jahres natürlich immer wieder geben, doch nicht mehr in dem Ausmaß, wie ihr es bisher gewohnt seid. Es ist möglich, dass euch diese Umstellung zu Beginn ein bisschen komisch vorkommt, denn plötzlich ist das Leben auf der Erde so völlig verändert, dass ihr kaum einen Gedanken an eine Jahreszeit verschwenden werdet. Ihr seid dann so mit euch und den zahlreichen anderen Erscheinungen beschäftigt, dass es nicht mehr dazu kommen wird, sich Gedanken zu machen, was denn der nächste Winter alles mit sich bringt.

Frage: Macht es Sinn, für die Übergangsphase Vorsorge zu treffen und eine gewisse Menge haltbarer Lebensmittel und Wasser zu bevorraten?

Antwort: Es ist verständlich, dass sich jemand solche Gedanken macht, sich auf die neue Zeit bzw. den Übergang vorzubereiten, wenn er erfährt, welche Dimensionen das alles annehmen könnte. Doch ist dies der Weg des Einzelnen, und es wäre sinnvoller, einen Weg der Gemeinschaft zu gehen, denn das ist das Wichtigste! Ein Leben in Gemeinschaft ist immer viel einfacher als ein Leben „in Einzelhaft", denn das Einzelne wird niemals so viel Freude machen, wie wenn es denn allen gut geht.

Eine neue Welt beginnt sich zu etablieren

Diese neue Welt wird von Anfang an ganz anders strukturiert sein, denn es gibt nichts, was auf der alten Welt aufbauen könnte. Alles muss neu erschaffen werden – denn alles lasst ihr zurück. Selbst die grundlegenden Veränderungen in euren eigenen Strukturen werden sich bereits in den ersten Tagen zu zeigen beginnen – ihr alle habt dann genau wie die Erde auch einen grundlegenden Wandel erfahren, der sich auch auf eure Körper erstreckt. Diese Welt hat von der alten Welt ganz und gar nichts mehr. Alles ist vollkommen anders und nichts, was euch je vertraut war, ist so, wie es einmal war. Alles hat seine Strukturen verändert, und auch die Vorgänge in euren Köpfen sind völlig anders als bisher. Alles läuft ganz anders, und nichts verbirgt sich mehr im Untergrund – alles tritt sichtbar an die Oberfläche, und nichts, was die alte Welt ausmacht, ist hier noch zu erkennen. Es ist so, dass ihr plötzlich vor die Situation gestellt werdet, für alle Bereiche eures Lebens diese alten Strukturgedanken über Bord zu werfen. Alles, was ihr bislang gesehen habt, und alles, was euch sicher und gewiss erschien, ist in Zukunft völlig anders. Wenn ihr glaubt, dass alles noch viel mehr verändert werden sollte, als es sich ohnedies schon verändert hat, so seid ihr zu diesem Zeitpunkt noch nicht ganz soweit, um die letzten Veränderungen selbst vorzunehmen, denn es ist dazu erforderlich, dass ihr euch erst einmal in die neue Rolle eingewöhnt – alles wird sich so fremd anfühlen, und das, was ihr noch alles verändern möchtet, wird sich erst nach und nach verändern lassen, denn ihr müsst diese Erde noch einmal genauer betrachten, damit alles, was plötzlich so neu ist, einen grundlegenden Stellenwert in eurem Denken einnehmen kann. Erst dann wird es möglich sein, die Veränderungen vorzunehmen, die euch noch in den Sinn kommen. Das heißt, dass ihr zuerst einmal die Führung behalten müsst, die ihr euch selbst auferlegt, denn ohne Führung durch diese neue Zeit braucht ihr gar nicht erst anzufangen, denn da geht so vieles schief, dass ihr euch das gar nicht vorstellen könnt. Diese neue Welt hat zur alten Welt keine Beziehung mehr – alles ist völlig neu gestaltet und alles sieht plötzlich ganz anders aus – überall ist erkennbar, dass etwas viel Größeres dahinter steht. Es ist so, dass ihr von uns in der neuen Welt eine sehr intensive Einführung erhalten werdet – wir sind bei allen euren täglichen Prozessen dabei, überall sind wir ganz nah bei euch, und wir lassen nicht zu, dass ihr durch eure Unbekümmertheit vielleicht etwas anrichtet, was ihr so nicht haben wollt. Ihr habt dann alle zusammen erkannt, dass diese Welt eine andere geworden ist – nichts lässt sich mit der alten vergleichen, und nichts sollte sich jemals so wie die alte Welt anfühlen – alles braucht eine völlig neue Ausrichtung, und euer Denken wird dementsprechend eine völlige Veränderung erfahren, denn ihr denkt dann nicht mehr vom Einzelnen her, sondern alles denkt im Kollektiv.

Diese Erde braucht euer kollektives Denken – nicht mehr das Denken des Einzelnen ist gefragt, und niemand braucht sich jemals mehr Gedanken zu machen, wie er als Einzelner sein Leben bestreiten könnte, denn alle Menschen sind als Einheit zusammengesponnen und kennen sich selbst in der Form als einzelne Individuen nicht mehr – alle erkennen, dass sie zusammengehören und dass es dem Einzelnen nur dann gut gehen kann, wenn alle im Kollektiv das gleiche empfinden. In dieser neuen Welt kommt ihr alle zu der Erkenntnis, dass es absolut unvorstellbar ist, dass es einem Einzelnen nicht gut gehen könnte – es ist einfach nicht vorstellbar, denn so intensiv, wie ihr euch alle zusammen fühlen werdet, seid ihr in eurem bisherigen Leben noch nie mit irgendjemandem verbunden gewesen. Dieses Gefühl ist für euch alle völlig neu, und das sollte sich sehr bald in allen euren Handlungen zu zeigen beginnen. Ihr werdet euch auf eine Veränderung einlassen, die in der Menschheitsgeschichte ihresgleichen sucht – ihr habt es so gewollt, und ihr alle habt zugestimmt, dass ihr diesen Weg gehen werdet. Alle habt ihr gesagt: Ja, wir möchten gern mit dieser Veränderung leben lernen, und wir möchten gerne all das verändern, was diese Erde ausmacht, damit das eintreten kann, was schon längst an der Zeit ist. Das, was sich zu dem Zeitpunkt, wo ihr diese Entscheidung getroffen habt, verändert hat, war euer Auftrag an uns – ihr habt uns beauftragt, euch ganz nah zu sein und euch alle so intensiv wie nur möglich durch diesen Prozess zu begleiten – ihr alle habt uns aufgefordert, euch in der Übergangsphase intensiv zu führen, denn ihr wusstet, dass es für euch nicht allzu leicht werden würde, wenn erst einmal der Schleier des Vergessens gehoben wird.

Wenn diese Welt diesen Weg absolviert hat, dann seid ihr alle erlöst von all den alten Lasten, die ihr mit in eure Leben genommen habt – alles hat sich aufgelöst und nichts bleibt mehr so, wie es einmal war. Diese Welt hat sich auf diese neue Zeit schon so lange gut vorbereitet, dass sie sich nicht länger vorstellen kann, in der alten Zeit zu bleiben – alles verändert sich so intensiv, und ihr seht, dass es noch nicht ganz soweit gekommen ist, dass diese Welt verloren ist, und daher ist es umso wichtiger, dass ihr erkennt, dass dieser Wechsel die einzige Möglichkeit ist, diese Welt in eine neue Zukunft zu führen. Eines Tages werdet ihr zurückblicken und sagen: Das hat sich wirklich gelohnt, sich dieser neuen Erfahrung auszusetzen. Ihr werdet alle so glücklich sein, und ihr werdet diese neue Welt so sehr genießen, denn nichts hat sich aus der alten herüberretten können, was euch euer Leben schwermachen könnte. Ihr werdet euch schnell zurechtfinden und begreifen, was euch an Möglichkeiten zur Verfügung steht, und alles, was in der Welt zu erkennen ist, ist nichts anderes als euer Selbst.

Die Erde wartet auf euch – sie hat alles vorbereitet, dass ihr Menschen dazu in der Lage seid, euren Auftrag zu erfüllen. Sie wartet auf euch, und sie ist ungeduldig geworden, denn alles, was die Menschheit ihr bisher angetan hat, ist soweit gegangen, dass es nicht mehr länger möglich wäre, das zu ertragen. Solange diese Welt auf den alten Strukturen aufbaut, wird sich nichts Grundlegendes verändern –

solange diese Welt nicht aufhört, sich auf die alten Systeme zu verlassen, solange wird alles so bleiben, wie es ist. Diese Welt braucht euch Menschen, denn ohne euch wäre all dies nicht möglich – ihr seid die Quintessenz all dessen, was auf der Erde passiert – ohne euch geht das alles nicht, denn es ist alles auf euch ausgelegt worden, und deshalb ist es eben so wichtig, dass ihr alle mit den Neuerungen zurechtkommt, die auf euch einströmen. Eine Welt ohne den Menschen ist nur eine halbe Welt – eure Welt braucht die Zuständigkeit des Menschen für das Wohlergehen dieser Welt, denn ohne ein intaktes Gefüge, bestehend aus Menschen und der Natur auf dem Planeten, wäre all jenes nicht vorstellbar, was auf der Erde schon bald entstehen soll.

Eine neue Welt ist dabei zu entstehen, und diese neue Welt besteht nicht nur aus einem Planeten und aus einigen Lebewesen, sondern diese Welt besteht aus vielen einzelnen Schöpfergöttern, die darauf aus sind, diese Welt weiterzuentwickeln und dafür zu sorgen, dass diese Entwicklung nicht nur auf dieser einen Welt vor sich geht, sondern dass sie sich vervielfältigt und in allen möglichen Regionen des Universums weitere Zwischenwelten entstehen. Eine Welt, in der die Menschen ihre schöpferischen Fähigkeiten voll zum Einsatz gebracht haben, ist für uns eine Art Zwischenwelt, denn sie ist in ihrer Entwicklung zwar auf den Erfahrungen der alten Welt aufgebaut, doch völlig eigenständig und verfügt nicht direkt über diese Erfahrungen. Eine Zwischenwelt ist letztlich ein Klon der alten Welt, doch hat sie eine völlig andere Geschichte und auch eine völlig andere Aufgabe. Diese neue Welt besteht dann aus einer Symbiose aus dem Planeten und den schöpferischen Kräften der Menschen, die dafür gesorgt haben, dass das Leben der Erde in seiner ursprünglichen Form auch auf anderen Planeten in Erscheinung tritt. Eure neue Welt ist dazu auserkoren, dem gesamten Universum ihren Stempel aufzudrücken – alle Welten dieses Universums sind dafür vorgesehen, so eine reichhaltige Natur und Lebensvielfalt zu bekommen, wie es für die Erde ermöglicht worden ist. Alle sollten in den Genuss kommen, das Leben in dieser Form zu erfahren.

Frage: Es ist also wirklich allerhöchste Zeit, dass der Wandel auf der Erde passiert, sonst wäre das Ende der Menschheit oder sogar des Planeten nahe, und das ist im göttlichen Plan nicht vorgesehen?

Antwort: Das, was ihr auf der Erde derzeit erlebt, ist die Phase des absoluten Endes einer Zivilisation, die nichts dafür getan hat, dass ihre Existenz von Nachhaltigkeit geprägt ist. Ihr seid am Ende eures Zyklus, und daher ist es an der Zeit, einen völlig neuen Weg einzuschlagen. Wenn die Erde nicht von vornherein auf dieses Ereignis eingestellt gewesen wäre, dann wäre dies wohl ein Akt der Rettung, doch das ist es nicht, denn es war immer schon so vorgesehen und es gehörte zu eurer Ausbildung auf der Erde dazu, dieses Ende nahe kommen zu sehen. Euer Ende in der alten Welt ist nichts anderes als ein Aufstieg in die nächste, höhere Instanz eines Lernenden. Ihr seid bei der Hochschule angelangt, und ihr seid bereit, das Wissen, das ihr in der Grundschule erworben habt, mitzunehmen, um es dort zur Blüte zu bringen und so eine wirklich großartige Karriere als Schöpfer hinzulegen.

Frage: Ist es richtig, dass sich keiner der alten Machthaber in die neue Welt hinüberretten kann? Haben sie dann ihren Auftrag erfüllt und werden abberufen?

Antwort: Das Leben in der neuen Welt hat natürlich ganz andere Vorzeichen und Bedingungen als die alte Welt – ihr braucht dann keine dualen Wesenheiten - -mehr, die nur damit beschäftigt sind, diese alte Dualität aufrechtzuerhalten. Die neue Welt braucht diese Wesenheiten unter euch nicht mehr, und sie wird sich von niemandem mehr sagen lassen, was sie zu tun hat, denn allen ist klar und jeder weiß, was in Wahrheit jetzt zu tun ist – es braucht niemanden mehr, der das vorgibt und der Spielregeln aufstellt, die eine gewisse Einseitigkeit hervorrufen.

Frage: Alle alten Lasten, die wir mit in diese Inkarnation genommen haben, sind dann weg – bedeutet dies, dass alle karmischen Verknüpfungen dadurch gelöst sind?

Antwort: Das Leben hat eine Wende genommen und es beginnt ein völlig neuer Abschnitt, der auf dem aufbaut, was ihr an Weisheit gesammelt habt. Ihr braucht dann in der alten, dualen Welt keine weitere Schulung mehr – alles ist neu ausgerichtet, denn es gibt nichts mehr, was es zu erfahren gibt, das ihr nicht schon erfahren hättet. Das, was die Menschen vor dem Aufstieg noch durchleben, dient in erster Linie dem Abschluss der letzten alten Schulungsangelegenheiten. Die Erde hat alle Menschen so lange beheimatet und ihnen die Möglichkeit gegeben, derartige Erfahrungen zu machen, dass jetzt wirklich Schluss ist damit.

Frage: Inwiefern werden sich unsere Körper im Zuge des Aufstiegs verändern? Was wird wahrnehmbar anders sein?

Antwort: Eure Körper stehen vor einem grundlegenden Wandel, denn alles, was derzeit noch auf der alten Basis des Kohlenstoffs basiert, wird in eine Struktur umgewandelt die man als kristallin bezeichnen kann. Dann, wenn ihr den Aufstieg absolviert, haben sich eure Körper bereits umgestellt und eure Zellen sind völlig anders aufgebaut, als es noch vor dem Wandel war. Ihr seid alle ganz anders zu sehen als heute, denn die kristalline Struktur gibt euch sehr viel mehr Lichtanteile in euren Körper hinein, um das hohe Licht der 5. Dimension in euch aufnehmen zu können, denn sonst wäre die Existenz in dieser Ebene nicht möglich. Dann, wenn dieser Prozess abgeschlossen ist, werden sich auch noch viele andere Möglichkeiten offenbaren, die euer Körper zur Verfügung hat. Ihr seid dann in der Lage, diesen völlig umzubauen und alle möglichen Veränderungen vorzunehmen, da die neue Struktur dies alles zulässt. Wenn ihr es geschafft habt, diese neue Struktur in euch aufzunehmen und auszubauen, dann habt ihr den neuen Körper bereits zur Verfügung und ihr könnt beginnen, mit euren Möglichkeiten zu experimentieren. Freut euch darauf, denn die Möglichkeiten sind zahlreich und vielfältig, und wir werden euch anleiten, was alles möglich ist, wenn es euch gefällt. Das neue Leben in euren neuen Körpern wird vieles verändern, denn der Körper ist dann nicht mehr Instrument, um alles am eigenen Leibe zu verspüren, sondern er ist dann viel mehr – er ist dann letztlich das Raumschiff, das ihr immer schon hattet, das euch aber nicht voll zur Verfügung stand, weil es eben eine Einschränkung gab, die euch auf diesem Planeten vorgegeben wurde. Freut euch auf die Reisen in eurem Körper, die euch weit in das All hinausführen werden. Eure Körper sind dann dazu geeignet, sie in andere Dimensionen zu bringen, doch solltet ihr euch darüber jetzt noch keine großen Gedanken machen, denn dazu braucht ihr ein bisschen mehr Einschulung, die wir euch gerne geben möchten. Das, was ihr haben könnt, ist eine Reise in einem Raumschiff und eurem physischen Körper, oder ihr könnt euch eben woandershin lokalisieren, um das Leben kurzzeitig in dieser Region zu verspüren, doch dazu haben wir eine gesonderte Information für euch, wenn der Tag des Reisens gekommen ist.

Frage: Wie stelle ich mir kollektives Denken am besten vor?

Antwort: Das Kollektiv hat immer mehrere Aspekte gleichzeitig im Fokus, denn es denkt nicht an den Vorteil eines Einzelnen, sondern es denkt immer im großen Ganzen, das als gemeinsames großes Ziel das höchste Wohlergehen von allem, was ist, hat. Das, was ihr euer Denken nennt, ist sehr einseitig, denn ihr könnt immer nur auf eure eigenen Erfahrungen und auf eure eigenen Empfindungen zurückgreifen, weil ihr euch eben als getrennt erachtet und auch so fühlt, und somit kann man vieles von dem, was die anderen denken und fühlen, nicht mit berücksichtigen. Euer Denken wird dann so ausgelegt sein, dass es das Empfinden aller anderen miteinbezieht und die Interessen der anderen ebenso mit berücksichtigt. Alles, was die Gemeinschaft als Ziel hat, ist letztlich auch das Ziel jedes Einzelnen.

Frage: Wie stelle ich mir die Einführung in die neue Welt vor – werden unsere geistigen Begleiter sichtbar neben uns stehen und mit uns wie unter Freunden ganz normal kommunizieren und uns an der Hand nehmen und uns schrittweise Anleitung geben, wie man seinen schöpferischen Geist richtig einsetzt?

Antwort: Das, was wir jetzt als Einführung bezeichnen, ist künftig euer Normalzustand, denn ihr seht euch dann nicht mehr als einzelne Menschen, die in ihrer Privatsphäre alles tun und lassen, was ihnen beliebt, und sich nicht darum kümmern, was denn die anderen so treiben, sondern es wird völlig anders sein. Ihr werdet vieles gemeinsam tun, was derzeit noch als einzelne Unternehmung angesehen wird. Es wird vieles nicht mehr geben, was ein Einzelner tun kann oder will, denn es sind so viele Arbeiten zu verrichten, die ein Einzelner gar nicht bewältigen kann oder will, denn es ist jedem wichtig, dass es in Gemeinschaft passiert, um es auch zum höchsten Wohl aller auszuleben. Und das Gemeinsame wird viel höher bewertet als das Einzelne. Wenn diese Umstellung eures Lebens geschehen ist, dann werdet ihr es genießen lernen, denn die Einsamkeit, die ihr teilweise in den vielen Stunden eurer Arbeit verbracht habt, wird sich dann zu einem ständigen Gemeinsamen wandeln. Wir werden euch in der ersten Phase ganz intensiv begleiten, denn wir werden euch anleiten und euch alles zeigen, damit ihr lernt, mit allem umzugehen, was die neue Zeit für euch bereithält. Freut euch auf ein intensives Miteinander, das so ablaufen wird, dass wir da sein werden – als eine ganz selbstverständliche Komponente dieser neuen Welt. Wir sind immer und überall zur Stelle, wo ihr uns braucht, denn es ist uns jetzt schon eine Freude, mit euch zusammenzuarbeiten.

Frage: Das klingt phantastisch, und doch könnte mancher um seine Privatsphäre fürchten – wird jeder trotzdem ganz alleine sein können, wenn er es möchte?

Antwort: Ja, natürlich, denn alles ist möglich, und der Wille des Einzelnen wird natürlich immer von allen respektiert.

Frage: Findet das große Erwachen – das Heben des Schleiers – innerhalb weniger Stunden, einiger Tage oder innerhalb von Wochen und Monaten statt? Wie können wir uns das vorstellen?

Antwort: Diese Erde hat ein Aufstiegsszenario vor sich, das in dieser Form noch niemals in der Geschichte des Universums stattgefunden hat. Dies ist so einzigartig, dass es dazu keinen klaren Vorspann geben kann. Ihr werdet es erleben, und ihr werdet es in einer sehr kurzen Phase durchlaufen können, die sich auf wenige Stunden begrenzen wird.

Frage: Das Datum des Übergangs ist der 21. Dezember 2012 – bleibt es dabei, und wann wird die Übergangsphase mit den großen Umwälzungen beginnen, und wann wird sie abgeschlossen sein, sodass die Erdoberfläche wieder zur Ruhe kommt und wir wieder ein geordnetes, stabiles Leben aufbauen können?

Antwort: Euer Leben wird in der Zeit von jetzt an bis zum Übergang in vielen Wellen von den verschiedensten Ereignissen geprägt sein, und alles, was ihr erwarten könnt, ist eine Phase der absoluten Unruhe in allen Bereichen eures Lebens. Ihr könnt davon ausgehen, dass diese Phase auch noch über den Aufstiegszeitpunkt hinausgehen wird und erst einige Zeit danach wieder Ruhe einkehrt.

Frage: Ich fühle mich hin- und hergerissen zwischen einerseits gemischten Gefühlen bezüglich der gravierenden Veränderungen und ihren unabsehbaren direkten und indirekten Auswirkungen auf mein Leben und andererseits einer unglaublichen Vorfreude, all das miterleben zu dürfen. Es drängt sich allerdings wieder einmal die Frage auf, wie viele Menschen nach den Umwälzungen noch auf der Erde verbleiben werden? Die Menschen empfinden derzeit den Tod immer noch als etwas furchtbar Tragisches und haben noch nicht verinnerlicht, dass er nur eine Transformation darstellt. Viele fürchten, nur weil sich ihre Familienmitglieder und Freunde derzeit für diese Informationen noch nicht geöffnet haben, dass sich diese gegen den Aufstieg entschieden haben und sie mit Verlusten unter ihren Lieben rechnen müssen. Ich verstehe auch, dass ihr bisher mit Angaben von Zahlen sehr zurückhaltend gewesen seid, um uns nicht zu erschrecken, doch wissen wir, dass sich sehr viele Seelen in der nächsten Zeit von uns verabschieden werden. Wäre es nicht langsam an der Zeit, uns die ganze Wahrheit zu offenbaren und uns eine Vorstellung zu geben, was uns diesbezüglich erwartet.

Antwort: Es ist noch nicht soweit, dass sich alle entschieden haben, ob sie den Aufstieg mitmachen oder eben noch nicht – der Tag der Entscheidung ist noch nicht gekommen, doch rückt er ständig näher und es wird bald soweit sein, dass alle Seelen ihre letztgültige Entscheidung treffen müssen.

Frage: Viele Menschen, die sich bereits mit dem Aufstieg beschäftigen, fürchten, dass ihre Seele gegen den Aufstieg sein könnte und dass sie das alles nicht miterleben dürfen. Was antworte ich den Menschen auf ihre Bedenken?

Antwort: Die Welt, in der ihr euch derzeit befindet, ist eine Welt, die sich in dieser Form von selbst erledigt – sie löst sich auf, da nichts mehr zurückbleiben kann, was nicht auf dem Prinzip der Liebe aufgebaut ist. Alles, was in der scheidenden Welt zurückbleibt, wird sich auf eine andere Art und Weise weiterhin mit Erfahrungen in dieser alten Form abgeben, doch das Neue können nur die erleben, die sich wirklich intensiv mit der Materie auseinandersetzen und sich selbst so weit im Griff haben, dass ihr Leben einen höheren Sinn ergibt. Das Leben in der 5. Dimension ist von vielen Neuigkeiten geprägt, die nicht jeder aushalten kann, der sich mit der alten Welt noch zu sehr verflochten fühlt. Die Menschen, die heute schon soweit sind, dass sie sich damit auseinandersetzen und durchaus berechtigt meinen, dass sie noch eine gewisse Entwicklung absolvieren sollten, die sind auf jeden Fall bereit, diese neue Welt kennenzulernen. Diese Welt wird auf viele eine enorme Faszination ausüben, und sie wird für viele andere eine Nummer zu groß sein, da sie sich darauf nicht ausreichend vorbereitet haben und daher ein Defizit in ihrer Bildung des Herzens aufweisen. Dieses Leben erfordert von allen, die dafür vorgesehen sind, eine wirklich große Anstrengung – viele von euch tun dies bereits intensiv und möchten wirklich Großes vollbringen, um all das erfüllen zu können, was sie noch tun müssen, um ausreichend darauf vorbereitet zu sein. Diese Leute haben vollends verstanden, wer sie sind, und sie tun auch alles, um das Leben in diese Bahn zu lenken. Ich möchte, dass ihr alle versteht, dass es eine große Anstrengung werden wird, die nächsten Monate zu bestehen, denn das Leben fordert von euch allen sehr viel, und wer nicht dazu bereit ist, sein Leben völlig neu zu denken, der wird auch nicht in der Lage sein, all die Herausforderungen zu bewältigen, um in diese Welt vordringen zu können.

Frage: Lese ich zwischen den Zeilen die zwei folgenden Dinge richtig heraus: Es sind nicht alle vorgesehen, um diesen Aufstieg mitzumachen, und es werden Menschen diesen Aufstieg mitmachen und eventuell feststellen, dass ihnen diese neue Welt eine Nummer zu groß ist. Dann stellt sich die Frage, warum sind dann so viele hier, wenn sie für den Aufstieg nicht vorgesehen sind, und was passiert mit denen, die feststellen, dass ihnen die neue Welt eine Nummer zu groß ist?

Antwort: Die Menschen, die von vornherein nicht bereit sind, diesen Aufstieg mitzumachen, werden sich von euch verabschieden – das haben sie selbst so gewählt, denn es war nicht Ziel dieser Inkarnation, diesen Weg weiterzugehen. Das Leben dieser Menschen stand im Zeichen verschiedenster Erledigungen, die sie noch mit Menschen zu erfüllen hatten, die jetzt diesen neuen Weg gehen werden. Und diejenigen, die wahrscheinlich davon etwas überfordert worden sind, werden natürlich mehrere Optionen zur Verfügung haben. Sie werden von euch allen sehr liebevoll aufgenommen werden, und ihr werdet alles tun, um den Menschen zu helfen, sich in der neuen Rolle zurechtzufinden. Das neue Leben bietet außerdem eine Menge von Möglichkeiten, damit jeder die freie Wahl hat, wie er sein Leben gestalten möchte, und daher können sie einen gewissen Sonderstatus bekommen, damit sie sich auf das neue Leben in Ruhe vorbereiten können. Denn das neue Leben sollte für alle sämtliche Variationen offenhalten, die man sich nur vorstellen kann. Es wird so sein, dass diese Menschen zwar unter euch sind, doch werden sie das Leben in etwas anderer Form wahrnehmen, als ihr es tut – sie sind dann völlig anders angeschlossen als ihr, denn sie haben eine gewisse Reduktion der Möglichkeiten gewählt, um sich langsam an die neuen Zustände zu gewöhnen. Diese Welt ist für all jene gedacht, die wirklich Großes vollbringen möchten – dafür braucht es vollbewusste Menschen, die sich ihrer Aufgabe ganz und gar bewusst sind, und das wird für viele in der ersten Phase sicherlich nicht allzu einfach werden. Diese Option der langsamen Einführung in die neue Welt ist daher eingeführt worden, um euch all das zu ermöglichen, was ihr euch vorgenommen habt, auch wenn mancher vielleicht etwas mehr Zeit brauchen wird, um sich die Möglichkeiten zu eröffnen.

Die Erde vereint sich

Es wird so sein, dass diese Erde den Aufstiegsprozess in einer sehr kurzen Zeit durchläuft und also die Phase des Übergangs außergewöhnlich kurz - sein wird – das hat zur Folge, dass sich alle, die diesen Prozess erleben, in sehr kurzer Zeit auf die neuen Gegebenheiten einstellen müssen. Sie müssen also sehr schnell auf Neuerungen reagieren, und das wird für viele sehr intensiv sein – erst wenn die ersten, klaren Anzeichen vorhanden sind, dass der Aufstiegsprozess abgeschlossen ist, wird es eine Art Vereinigung geben. Diese Vereinigung ist ein wichtiger Teil in der Rückanbindung der Erde an alles, was ist. Zuerst muss dieser Prozess durch die Erde eingeleitet werden, und dann ergibt sich eine rasche Abfolge von Wiedervereinigungen mit allen anderen planetaren Körpern, von denen die Erde bisher abgeschnitten war. Die Erde braucht dafür natürlich einen gewissen Zeitraum, bis alles, was derzeit der Erde noch vorenthalten ist, auf sie einströmen kann – dies ist ein Prozess, der sicherlich mit einigen Tagen anzuberaumen ist, denn die Energien müssen sich erst aufbauen. Dann, wenn dies passiert ist, kehrt langsam, aber sicher die volle Erinnerung an alles, was jemals gewesen ist, zurück – dies ist der Zeitrahmen, den ihr einplanen müsst, um eure volle Erinnerung wiederzuerlangen. Es ist der Rahmen des Zeitpunkts für den Übergang klar ausgesucht worden – es ist euch allen bekannt, wann genau die Erde aufsteigen wird, doch müsst ihr verstehen, dass sich die Erde nicht immer hundertprozentig an die genauen Vorgaben halten kann – es ist daher ohne weiteres möglich, dass ihr alle zusammen auf ein Szenario wartet, das in dieser Form möglicherweise ausbleibt – seid deshalb etwas geduldig, da die Zeitrechnung, die hier im Orbit gilt und die, die auf eurer Erde üblich ist, nicht immer hundertprozentig konform verlaufen. Seid also etwas geduldig, wenn dieser Tag gekommen ist. Die Erde wartet schon so lange auf diesen Aufstieg, und niemand kann es auch hier bei uns mehr erwarten, denn schon so lange warten alle, dass die Erlösung aus der Umklammerung der Dunkelheit endlich geschieht. Auf diesem Weg ist es bald soweit, dass man davon ausgehen kann, dass alle Mächte der Vergangenheit und alle Mächte, die diese Erde beherrscht haben, nicht mehr zugegen sein werden. Nichts kann sich halten, das nicht der neuen Welt entspricht – alles, was noch auf den alten Strukturen aufbaut, und alle alten Denkmuster und Verhaltensmuster können in der neuen Welt nicht mehr existieren. Darüber hinaus sind alle Menschen schon lange auf diese neue Phase des Lebens vorbereitet worden – ihr alle habt diese Zeit bereits in euren Träumen erlebt und Reisen in der Nacht unternommen. Diese Welt wird sich für euch alle so wundervoll anfühlen – ihr alle werdet es lieben, wenn ihr die neue Welt zu Gesicht bekommt – niemand wird sich jemals die alte Welt zurücksehnen – niemand wird sagen, damals war alles viel besser, denn es gibt nichts mehr, das euch länger einschränkt – nichts und niemand ist zur Stelle, um euch zu sagen, was zu tun ist – ihr seid ganz frei in euren Entscheidungen, alles zu tun, was ihr euch wünscht.

Frage: Wir wissen, dass eure Zeitangaben mit Vorsicht zu genießen sind, und es ist uns auch bekannt, dass in einem Augenblick für euch bei uns Jahre vergehen können. Die mögliche Zeitverzögerung, von der du sprichst, könnte diese nur Stunden oder auch Tage, Wochen oder Monate betragen?

Antwort: Diese Welt hat natürlich eine Zeitrechnung, die uns im weitesten Sinne schon vertraut ist, doch wenn wir sagen, dass der 21. Dezember der Aufstiegszeitraum ist, dann kann dies auch so bleiben – ihr müsst nur davon ausgehen, dass die Erde hier ihr eigenes Programm fährt und sich nicht unbedingt genau an alle Vorgaben halten kann. Es könnte daher sein, dass es sich um einige Stunden vor- oder auch nachverlegt. Habt somit etwas Verständnis, wenn nicht alles auf die Minute genau abläuft, wie ihr es gewöhnt seid.

Frage: Ich möchte zurückkommen auf die Durchgaben von Erzengel Michael, der uns auffordert, Alternativen zur heutigen Gesellschaftsform zu entwickeln, uns Gedanken zu machen, wie unser Zusammenleben und unsere Versorgung mit allem in den Regionen ablaufen soll. Er fordert uns quasi zum friedlichen zivilen Ungehorsam gegenüber unseren Machthabern auf, damit sich diese neue Welt entwickeln kann. Wir sind angehalten, Aktivitäten und Projekte zu entwickeln, welche sich mit der Realisierung der „Goldenen Erde" in allen Ländern der Welt beschäftigen. Nachdem dies alles Aktivitäten sind, die über mehrere Jahre gehen, bis sie ihre volle Wirkung zeigen, lässt mich dies annehmen, dass nach dem Aufstieg noch lange nicht alles so sein wird, wie wir es uns wünschen, dass die gewohnten Abläufe und Teile unserer gesellschaftlichen Strukturen und Traditionen nach wie vor anzutreffen sein werden und wir gefordert sind, diese schnellstmöglich zu ersetzen. Dies würde auch bedeuten, dass das Bewusstsein der Menschen noch nicht bei allen in vollem Ausmaß entwickelt ist, sodass dies selbstverständlich wäre. Sehe ich dies richtig so?

Antwort: Diese Veränderungen finden natürlich in einem sehr kurzen Zeitraum statt, und alles, was sich auf der Erde ereignen wird, ist in enormer Geschwindigkeit zu erwarten, die euch allen den Atem rauben könnte. Seid gewiss, dass die Welt natürlich etwas mehr Zeit brauchen wird, um all dies zu verarbeiten.

Frage: Ich möchte es noch weiter konkretisieren – bedeutet dies, dass unsere Projekte und Bemühungen, die unter erschwerten Umständen noch in der alten Zeit beginnen bzw. schon begonnen haben, einige Zeit in die neue Zeit hinein andauern werden müssen, um die „Goldene Erde" Wirklichkeit werden zu lassen? In der neuen Zeit wird es uns jedoch deutlich leichterfallen und sehr viel schneller gehen, da alle Menschen im Bewusstsein deutlich gewachsen sind, und für jedermann sichtbar

*und fühlbar ist, dass diese Welt eine andere geworden ist. Lediglich die
alten Gewohnheiten und der Mangel an Vorstellungskraft für die neuen
Wege könnten uns vorübergehend noch im Wege stehen. Ist meine Vorstellung unserer weiteren Bemühungen realistisch, oder verstehe ich hier
etwas möglicherweise grundlegend falsch?*

Antwort: Die neue Welt unterscheidet sich in so vielen Bereichen
von der heutigen, die ihr alle gut kennt, doch damit ist es noch nicht
getan – da beginnt eure Arbeit erst so richtig, denn es ist in allen Bereichen und in allen veränderten Strukturen etwas zu tun, was natürlich etwas Zeit in Anspruch nehmen wird; und dann seid ihr
auch noch aufgefordert, in die weite Welt hinauszugehen und in allen Bereichen dieser Erde dafür zu sorgen, dass die Erde so umge-
staltet wird, wie es denn sein soll.

Frage: Wie lange wird das Chaos aller Voraussicht nach andauern?

Antwort: Es wird euch allen als ein sehr kurzer Zeitraum erscheinen,
denn die Art und Weise, wie der Wandel über die Bühne geht, wird
für euch völlig neu sein – alles ist sehr spannend zu beobachten, und
ihr solltet euch auf keinen Fall Gedanken machen, dass euch vielleicht etwas fehlen könnte. Dies ist nicht so zu sehen, denn ihr werdet von allen Seiten unterstützt und mit allem versorgt werden, was
unbedingt erforderlich ist – niemand wird sich darauf ausruhen
können, doch wird für alle da sein, was sie benötigen.

*Frage: Dies gilt wahrscheinlich am ehesten für die Zeit unmittelbar
nach dem Übergang – manche befürchten jedoch im Vorfeld des Übergangs nachkriegsähnliche Zustände mit diversen Mangelerscheinungen
in vielen Lebensbereichen. Ist es richtig, wenn ich deiner Aussage entnehme, dass die Ängste, die so mancher in sich trägt, unberechtigt sind,
und der Gedanke, im Keller Vorräte anzulegen, nicht in größerem Ausmaß sinnvoll und erforderlich ist, oder rätst du uns zur Vorsorge, und
wie und in welchem Ausmaß sollen wir diese aufbauen?*

Antwort: Es ist mir wichtig, dass hier Folgendes festgehalten ist: Es ist mir ein Anliegen, euch mitzuteilen, dass diese Welt sicherlich viele Turbulenzen erleben wird und dadurch natürlich in vielen Bereichen die Versorgung mit allem, was ihr täglich braucht, nicht ganz so hundertprozentig funktionieren wird, wie ihr es gewöhnt seid. Das, worauf ihr euch einstellen solltet, ist letztlich nicht, dass jeder Einzelne sich auf seine Art und Weise auf diesen Wandel vorbereitet, sondern es geht uns darum, dass ihr zusammenwirkt und zusammen feststellt, was ihr denn gerne tun möchtet, um euch auf diese Zeit vorzubereiten. Nehmt das nicht zum Anlass, um möglichst viele Vorräte anzulegen, sondern lediglich ein paar Details des täglichen Lebens zu überdenken. Es ist mir wichtig, dass ihr erkennt, dass es nicht notwendig ist, sich so zu bevorraten, als gäbe es gar nichts mehr zu essen und zu trinken, sondern dass es eben da und dort einmal zu gewissen Verzögerungen kommen könnte, bis alles zur Verfügung steht, was ihr gerne haben möchtet. Das Leben in der Übergangszeit ist von vielen Veränderungen geprägt, und es wird nicht notwendig sein, alles zu bevorraten, denn es wird natürlich viele Möglichkeiten innerhalb eurer Region geben, all das herzustellen, was ihr braucht, sofern es notwendig ist. Nehmt dies als Anlass, um euch zusammenzutun, um gemeinsam darüber nachzudenken, wie ihr denn diese Zeit am besten gestalten möchtet, denn es ist der Startschuss für die neue Welt, in der ihr dann zusammen sowieso nur mehr danach leben werdet, selbst herzustellen, was in der Region benötigt wird. Es ist wichtig, dass ihr rechtzeitig mit diesem Gedanken spielt, denn das Leben in dieser Zeit des Übergangs braucht viele kreative Köpfe, und es braucht vor allem Menschen, die wirklich am Wohle der gesamten Region arbeiten und darüber hinaus auch die Regionen im Umfeld im Auge behalten, um zu sehen, wie diese ihre Lösungen finden.

Die Erde startet jetzt richtig durch

Wenn die Welt all die Schwierigkeiten während des Übertritts ins Goldene Zeitalter hinter sich hat, dann stehen ihr viele neue Möglichkeiten zur Verfügung. Eine Welt ist entstanden, aus der heraus großartige Sachen passieren werden. Es werden Schöpfergötter am Werke sein, die ihr Handwerk nach und nach immer mehr verfeinern und immer noch großartigere Dinge erschaffen. Dann, wenn ihr Menschen gelernt habt, wie es sich anfühlt, ein Schöpfer zu sein, und was man dazu beitragen muss, um diese schöpferische Kraft auch wirklich einzusetzen, dann habt ihr die Voraussetzung geschaffen, die der Erde ihre wahre göttliche Funktion ermöglicht. Das eröffnet euch die Chance, nicht nur auf der Erde einfach ein Dasein in Freude und Liebe zu allem, was ist, zu pflegen, sondern ihr könnt dann über eure eigenen Belange hinausgehen und weit ins All hinausreisen, um dieser Erde eine völlig neue Chance zu geben, sich als Schöpferstern zu etablieren. Das ist der Sinn eures Daseins auf der Erde – genau deshalb seid ihr hier, um der Welt ein neues Aussehen zu ermöglichen. Heute ist die Erde ein armer Planet, der geschunden und von dunklen Mächten an den Rand seiner Existenz getrieben worden ist. Dann, wenn ihr diese Erde zum strahlenden Stern gemacht habt, wartet auf euch ein wirklich wunderbares Leben in der absoluten Freiheit eines Schöpfers. Ihr seid dann dort angelangt, wo ihr so weit gehen könnt, wie es euch beliebt – ihr seid so weit offen für alle Möglichkeiten, dass euch niemand mehr in irgendeiner Weise daran hindern könnte, das zu leben, was ihr seid. Dann, wenn alles erledigt ist, stehen euch viele weitere Möglichkeiten offen, denn dann könnt ihr als Schöpfer voll ausleben, was euch beliebt, und ihr könnt aufstehen und sagen: Jetzt sollte hier dieses und jenes entstehen – und es wird so sein. Jeder kann dies und jeder hat die Freiheit dazu, denn ihr seid ein geeintes Kollektiv von Schöpfergöttern, die sich genau darum bemühen, dass das, was ihr alle im Laufe eurer vielen Inkarnationen erleben durftet, nie mehr vorkommen kann. Diese Welt braucht daher keinen Aufpasser mehr, denn dieser „Aufpasser" lebt im Innern jedes Menschen so zahlreich auf der Erde, dass somit wirklich nur die besten Voraussetzungen für die neuen Welten geschaffen sind und wirklich alles so läuft, wie die Schöpfung es vorgesehen hat. Dann könnt ihr alle sagen: Wir haben es geschafft, wir haben alle zusammen die größte Aufgabe des Universums vollbracht, die jemals einer Gruppe von Seelen gestellt wurde. Wir haben es vollbracht, allen da draußen zu zeigen, dass es möglich ist, alle Schwierigkeiten, die jemals im Universum auftreten können, zu meistern, wenn es denn nur genügend gute Kräfte gibt, die daran interessiert sind, dass sich etwas zum Guten wendet. Ihr könnt wahrlich stolz auf das sein, was ihr vollbracht habt!

Wenn alle zusammengekommen sind und alle alles gesehen und verstanden haben, was ihr bereits auf dem Weg alles geschafft habt, dann werden auch die notwendigen Kräfte in euch aufkommen, um die letzte Hürde des Übergangs und der Umgestaltung eure Welt noch in Angriff zu nehmen. Alles, das diese Erde noch braucht, um zur Goldenen Erde zu werden, habt ihr in euch, und wir werden mit euch gemeinsam danach trachten, dass ihr alle eure Möglichkeiten so schnell wie möglich entfaltet, damit euch das Potenzial, das in euch allen steckt, so schnell wie möglich vollständig zur Verfügung steht. Seid gewiss, dass ihr das nicht alleine machen müsst – seid gewiss, dass wir bei euch sind und so lange bleiben, wie ihr uns braucht, um all das zu erschaffen, was nötig, ist, um das Leben für alle so schnell wie möglich in geordnete Bahnen zu lenken. Ihr seid gefordert, euch damit auseinanderzusetzen, und ihr seid jetzt gefordert, euch sofort damit auseinanderzusetzen – niemand soll zurückbleiben, und niemand soll sich vor dieser Arbeit scheuen, denn sie muss getan werden, und je früher ihr damit beginnt, umso leichter wird es euch allen fallen, wenn es denn soweit ist, dass diese Welt einen neuen Weg einschlägt. Es ist so, dass ihr zwar noch ein paar Schwierigkeiten zu überwinden habt, um das Leben in eine neue Bahn zu lenken, doch solltet ihr wissen, dass es unvermeidbar ist, diese Schwierigkeiten entweder einfach zu negieren oder sie so weit zu überwinden, dass es euch im weitesten Sinne keine Probleme mehr bereitet, einfach fortzufahren und das zu tun, was euch beliebt – ihr seid jetzt schon in der Lage, alles zu tun, was ihr gerne tun möchtet, denn die Einschränkungen der alten Welt sind nicht mehr wirklich existent, denn diese alte Welt ist so sehr mit sich selbst beschäftigt, dass kaum Zeit bleibt, euch zu überprüfen, was ihr denn alles so treibt. Ihr sollt euch alle zusammenschließen, denn Einzelne können diese Veränderung alleine nicht bewerkstelligen – es braucht viele, die daran mitwirken, und es braucht vor allem das Vertrauen aller, die daran beteiligt sind, dass dies der richtige Weg ist, um der Welt ein neues Gesicht zu geben. Habt den Mut und nehmt euch alle das Recht heraus, diese Welt zu verändern, denn es ist eure Welt und ihr dürft nicht länger zulassen, dass man euch daran hindert, euer Leben so zu leben, wie es euch gefällt. Steht auf und seid eine Einheit, denn dann kann niemand mehr gegen euch vorgehen!

Frage: So wie du das darstellst, sprichst du von wahrlich großen Seelen, die den Aufstieg mitgemacht haben, um wahrlich große Schöpfung zu vollbringen. Daher ist es so wichtig, dass nur die größten und stärksten Seelen aus der Schule des 3D-Lebens auf der Erde in die Hochschule in 5D aufgenommen werden. Die Energie und das Gefühl, das beim Lesen herüberkommen, lässt wahre Größe vermuten – doch derzeit fühlen wir uns ganz anders, und daher fällt es uns schwer, all dies anzunehmen, auch wenn es sich unser Herz wünscht. Gibt es eine Hilfestellung, wie wir unsere wahre Größe besser begreifen können?

Antwort: Dein Leben hat sich in so kurzer Zeit verändert, dass du heute im Rückblick erkennen kannst, dass das, was du zuvor von dir selbst gehalten hast, und das, was du heute repräsentierst, zwei völlig unterschiedliche Menschen sind. Heute bist du derjenige, der den Menschen hilfreiche Botschaften überbringt, die sie annehmen können, um ihren Wandel selbst in die Tat umzusetzen – das, was du heute den Menschen als Musterbeispiel des Wandels vorleben kannst, das können alle Menschen, wenn sie es wollen. Die Wahrheit ist, dass ihr alle das bereits in euch tragt, wonach du gerade fragst, denn alles ist jederzeit möglich, denn es ist letztlich nichts anderes als eine Entscheidung, die jeder Einzelne für sich treffen kann bzw. sollte. Dein Leben zeigt den Wandel persönlich genau im Detail auf, und das Leben aller Menschen kann sich ebenso in extrem kurzer Zeit wandeln, wenn sie es denn wirklich möchten. Sag ihnen, wie du es eben schon in deinen Vorträgen tust, dass sie selbst vor der Wahl stehen, das zu sein, was sie denn immer schon sein konnten, oder sich immer noch ganz klein zu fühlen – das ist die Entscheidung, vor der ihr alle steht. Nehmt an, dass ihr diese Macht in euch tragt, und dann können alle Menschen das umsetzen, was sie gerne erreichen möchten.

Frage: Die vielen Informationen, die wir in der letzten Zeit empfangen durften, sind eine wirklich großartige Hilfestellung – herzlichen Dank dafür! Je länger ich mich mit dem Aufstieg und den Zielen der von euch durchgegebenen Bücher beschäftige, desto mehr empfinde ich, dass eines der Hauptziele das Erreichen all jener reifen und alten Seelen ist, die für den Aufstieg wichtig und vorgesehen sind, um sie darauf vorzubereiten, damit sie von den Ereignissen nicht überrascht werden und dadurch eventuell in die Situation kommen könnten, den Aufstieg nicht mitzumachen. Also ein Akt der Liebe für all jene, die dabei sein sollten, doch, aus welchem Grund auch immer, in der alten Welt verstrickt sind. Sehe ich das richtig?

Antwort: Das Leben ist heute für euch alle ein echte Herausforderung – das ist uns bekannt. Euer Leben kann auf diese Art und Weise nicht fortgeführt werden, und es ist von Bedeutung, dass ihr allen Menschen diese Information überbringt. Dafür seid ihr alle angetreten, damit alles, was notwendig ist, getan werden kann. Dein Leben ist durch die Vorausschau die du bekommen hast, um allen Menschen klarzumachen, was jetzt am besten getan werden sollte, geprägt – ebenso wie das derjenigen, die ebenso wie du im Zuge ihrer Tätigkeit diese Informationen erlangen konnten. Dein Leben hat bezüglich der Information der Menschen eine wichtige Schlüsselrolle – ihr alle habt diese Aufgabe jedoch in eurem Seelenplan stehen, und es geht jetzt darum, diese Informationen an alle Menschen weiterzutragen, damit wirklich alle jene Kenntnis erlangen, die das Leben mit euch in der neuen Welt gemeinsam gestalten sollen. Die Menschen, die diese Informationen nicht annehmen möchten oder können, werden in der nächsten Zeit natürlich alle die Gelegenheit bekommen, nocheinmal mit dieser Frage nach der neuen Zeit konfrontiert zu werden. Sie können sich dann gegen den Aufstieg entscheiden, doch sollten sie davon Kenntnis erlangen, dass es diese Möglichkeit gibt.

Frage: Ich sehe die Entwicklung bis zum Übergang so, dass diejenigen, die die alte Welt noch aufrechterhalten und die Errungenschaften aus der egobetonten Epoche fortführen möchten, so sehr damit beschäftigt sein werden, dass sie keine Zeit haben, sich mit den vielen Menschen zu beschäftigen, die zwischenzeitlich an der Erschaffung der neuen Welt arbeiten, auch wenn diese gewisse Grenzen zu überschreiten beginnen und von Menschen gemachte Gesetze negieren. Ist das richtig?

Antwort: Dein eigenes Leben hat gezeigt, dass es nicht notwendig ist, sich auf alle möglichen Spiele mit den Mächtigen einzulassen, sondern dass man sich sein Leben so gestalten kann, wie man es eben gerne möchte, und dass trotzdem alles möglich ist, was man sich wünscht. Zeig den Menschen, dass sie in ihrem Leben genauso die Möglichkeit haben, sich von all dem zu entfernen, was sie noch in der alten Welt gefangen hält. Zeig den Menschen, dass sie selbst die Chance haben, ihr Leben umzugestalten, wie es ihnen gefällt, denn das ist das Ziel von alledem – sie sollen erkennen, dass sie selbst die Macht haben, alles zu verändern. Die Menschen sollten verstehen lernen, dass ihr Leben von nun an einen ganz andern Weg nimmt, denn die Zeit des Wartens ist vorbei und jeder kann annehmen, was er sich als Ziel für diese Inkarnation gesetzt hat. Das, was von euch gefordert ist, ist, dass ihr erkennt, wo die Grenzen sind, und dass ihr beginnt, diese Grenzen aus eurem Leben zu eliminieren, denn sie halten euch noch fest, und das sollte nicht sein. Entfernt alles, was euch daran hindert, in die neue Welt aufzusteigen, denn ihr könnt nichts mitnehmen, was euch von der alten Welt geblieben ist. Lasst es einfach los und dann wird alles von selbst passieren. Eure Welt verändert sich, und es wird Zeit, dass die Grenzen von nun an nicht mehr als solche gesehen werden, denn sie existieren in Wirklichkeit nicht, und es kann nicht sein, dass die Grenzen in euren Köpfen darüber entscheiden, ob diese neue Welt existieren kann oder nicht.

Frage: Nach meinen Vorträgen stelle ich Listen zur Verfügung, in die sich die Besucher mit ihren Kontaktdaten eintragen können, wenn sie Interesse haben, an Arbeitsgruppen mitzuwirken. Diese Liste wird dann an alle versandt, damit allen sämtliche Kontaktadressen von Gleichgesinnten in der Region zur Verfügung stehen. Zu Beginn meiner Vortragsserie war die Reaktion eher verhalten – mittlerweile tragen sich die Leute zahlreich in die Listen ein. Es haben sich zwischenzeitlich auch zahlreiche Arbeitsgruppen gebildet, auch wenn noch eher wenige wirklich vorbildlich zusammenarbeiten, um nach Möglichkeiten zu suchen, wie sich die Region völlig autonom mit allem, was die Region braucht und haben möchte, selbst versorgen kann. Die Entwicklung zum Positiven ist zwar in Ansätzen erkennbar, doch ein wirklicher Durchbruch ist bisher noch nur vereinzelt geglückt. Nachdem die Zeit drängt, stellt sich die Frage, ob wir dies noch rechtzeitig schaffen, bevor die Turbulenzen zu groß werden?

Antwort: In deiner Welt, lieber Christoph, ist so vieles noch nicht so, wie du es dir vorstellst – es sind noch so viele Bereiche eurer

Gesellschaft nicht mit dem Licht durchleuchtet, das dort hinkommen wird. Daher ist es noch in vielen Bereichen derzeit unmöglich, den Menschen die Information klar zu überbringen, was jetzt angesagt wäre. Das, was du tust, ist, die Information an die Menschen zu tragen, die sich dafür geöffnet haben. Alle andern, die dafür noch nicht zugänglich sind, werden zu einem späteren Zeitpunkt dazu stoßen.

Frage: Ist es denn nicht schon ein bisschen spät – vielleicht sogar zu spät?

Antwort: Diese Welt braucht natürlich noch ein bisschen Zeit, um sich zu entwickeln, denn die Energien, die in naher Zukunft da sein werden, werden natürlich nicht bei allen zugleich eintreffen, und es ist so, dass die Zeit nicht mehr üppig zur Verfügung steht, doch noch ausreicht, um mit den neuen Überlegungen zu beginnen.

Frage: Soll das heißen, dass die letzten Unentschlossenen bis zum Übergangsdatum Zeit haben, sich zu entscheiden, ob sie den Aufstieg mitmachen oder nicht?

Antwort: Eine Welt, die so große Veränderungen zu erwarten hat, gibt es nicht jeden Tag, und daher braucht es auch für viele Menschen etwas mehr Zeit, um sich zu entscheiden, wohin und wie ihr Leben weitergehen soll. Sie stehen vor der Wahl und sollen sich entscheiden, etwas zu erleben, das sie so nicht kennen – das ist für alle eine schwierige Entscheidung, und ihr solltet etwas Geduld haben und den Menschen die Zeit geben, dass sie sich entscheiden können. Habt Geduld mit euren Mitmenschen und begegnet ihnen mit Verständnis, denn es ist wahrlich eine schwierige Entscheidung.

Frage: Viele Menschen glauben, dass es erneut so sein wird, dass eine Veränderung unserer Welt wieder nicht klappen wird. Hier sind die Ansichten gespalten – einerseits wünschen sich viele eine grundlegende Veränderung, und andererseits fehlt ihnen der Glaube daran. Könnten

*der Grund dafür die Erfahrungen aus früheren Leben sein, in denen
mehrere Versuche gescheitert sind, die Gesellschaft grundlegend zu verändern?*

Antwort: Es gibt bereits viele Menschen, die wissen, dass dieser
Wandel definitiv so ausfallen wird, wie er beschrieben wurde. Doch
wie du richtig festgestellt hast, werden immer noch zahlreiche Menschen darauf wetten, dass nichts passiert. Es wird so sein, dass die
Ereignisse der nächsten Zeit selbst die größten Skeptiker überzeu-
gen, dass nun wirklich ernst ist mit all den Veränderungen. Es war
früher so, dass man immer und immer wieder versucht hat, die
Menschen klarer verstehen zu lassen, wer und was sie wirklich sind,
und diese Versuche sind immer wieder gescheitert, weil die Menschen zu sehr an sich selbst gezweifelt haben. Die Menschen haben
diese Erfahrung machen wollen und dass der Weg heraus aus der tiefen Umklammerung der Hypnose sehr schwer ist, das war klar, und
jetzt geht es darum, dass die Menschen zu verstehen beginnen, dass
der Weg, in den Wachzustand zu wechseln, nun tatsächlich einge-
schlagen wurde. Also seht die Entwicklung locker, denn niemand
wird gezwungen, sich aus dem Traum zu erheben und die Illusion
abzulegen, sondern jeder hat die freie Wahl, den Wachzustand zu erreichen oder weiterhin zu träumen, auch wenn die Träume vielerorts
nicht besonders erfreulich sind.

*Frage: Was können wir beitragen, um unser schöpferisches Potenzial
möglichst früh freizusetzen?*

Antwort: Das Potenzial, das in euch allen schlummert, ist nichts anderes als das Potenzial eurer Gedanken, die in Verbindung mit euren
positiven Gefühlen alles ermöglichen werden, was ihr euch wünscht.
Seht die Welt mit euren Augen *und* mit eurem Herzen, denn dann
wird sie sich als das offenbaren, was sie schon immer sein sollte. Der
Welt mit dem Herzen zu begegnen, ist heute noch eine Ausnahme,
und deshalb ist es so wichtig, dass ihr euch euer Potenzial erst einmal

klarmacht und versteht, wer ihr seid, dann kommt das Potenzial ganz von selbst zum Tragen.

Die Erde bekommt ein neues Gesicht

Dann, wenn ihr alle es vollbracht habt, dass ihr euch auf die neue Zeit eingestimmt habt und alle wisst, wie ihr denn euer Leben so leben möchtet, ist der Zeitpunkt gekommen, diese Welt ernsthaft zu erschaffen. Und das, was dann kommt, werde ich euch jetzt im Detail näherbringen:

Euer Leben hat dann eine Dimension erreicht, die ihr bisher noch nicht kennengelernt habt – es ist von der alten Welt so weit entfernt, dass nichts mehr daran erinnert, was jemals gewesen ist. Dann ist die Möglichkeit vorhanden, nur durch Gedankenkraft alles zu erschaffen, was ihr euch in den Kopf gesetzt habt – euer Kraftwerk an Schöpfungskraft ist in euren Köpfen voll und ganz entwickelt, und alles, was euch in den Sinn kommt, zu realisieren wird dann ein Kinderspiel sein. Dieses Erschaffen von Neuerungen in allen Bereichen eures Lebens wird so vor sich gehen: Alle die, die eben genau dies erschaffen möchten, kommen zusammen und machen sich noch einmal klar, was genau sie erschaffen wollen. Nachdem ihr euch völlig einig geworden seid, braucht ihr alle zusammen nur noch diese Vision zu erstellen. Es ist einfach, doch müsst ihr darauf achten, dass wirklich alle die gleiche Vision von dem haben, was entstehen soll. Erst wenn ihr euch völlig einig seid, ist es an der Zeit, den schöpferischen Akt zu setzen. Dann ist der Weg frei für eure Schöpfung, dann könnt ihr zusammen alles erschaffen, was sein soll. Eure Gedankenkraft ist das Eine, was ihr dazu braucht. Doch dann kommt noch der wesentliche andere Teil dessen hinzu, was ihr alle zusammen erschaffen wollt. Ihr braucht dann unsere Unterstützung bei der Erschaffung eines neuen Dings, das ihr haben wollt. Ihr braucht unsere Hilfe deshalb, weil ihr in der ersten Zeit noch etwas ungeübt sein werdet, und so wäre es klug, unsere Hilfe in Anspruch zu nehmen. Wir werden dann alles mit euch unternehmen, was noch notwendig ist, um diese Materialisation vorzunehmen, denn ihr braucht dafür noch etwas Wichtiges. Ihr braucht dafür ein Lebewesen, denn wie ihr ja mittlerweile alle wisst, ist alles belebt – überall steckt ein Lebewesen dahinter, egal, was immer es auch ist. Alles ist Schwingung, und diese Schwingung ist in allem vorhanden. Das, was ihr eben nur als ein Ding anseht, ist letztlich ein Lebewesen. Wir helfen euch, all das zu beleben, was ihr erschaffen möchtet. Erschafft, was ihr wollt, aber achtet darauf, dass es ein Lebewesen ist, das euch dienlich sein wird, wenn es das tut, was ihr von ihm erwartet. Dann, wenn all das zusammenkommt – eure Vision mit dem Einverständnis eines Wesens aus unseren Gefilden –, dann wird es möglich sein, euch diese Erschaffung zu ermöglichen. Dann habt ihr eure Schöpfung vollendet!

Erst wenn ihr euch darin etwas geübt habt, werdet ihr auch ohne unsere Hilfe auskommen können. Ihr werdet in der Lage sein, nicht nur Schöpfungen von materiellen Dingen vorzunehmen, sondern könnt euch um Lebewesen und deren Neugestaltung bemühen. Ihr seid in der Lage, eure Lebewesen, die ihr alle schon kennt, in der Form zu verändern, indem ihr vorgeht, wie wir es vorhin besprochen haben, doch braucht ihr dazu noch ein weiteres Einverständnis. Die Erde – eure Mutter – hat dabei ein gewichtiges Wort mitzureden, denn ohne ihr Einverständnis könnt ihr gar nichts erschaffen, was an Leben auf diesem Planeten vorkommen soll. Ihr braucht ihre Zustimmung – sie ist die höchste Instanz in der göttlichen Erschaffung von Lebewesen auf diesem Planeten. Ihr könnt gemeinsam mit Mutter Erde eine Reihe von verschiedensten Erkenntnissen verarbeiten, die bislang auf der Erde gemacht wurden – ihr könnt euch auf die Vergangenheit konzentrieren und euch den Prozess der Schöpfung von Leben auf der Erde nochmals genau ansehen, um daraus zu lernen, denn diese Erfahrung ist enorm wichtig bei der Erschaffung von Leben. Ihr könnt die Kristalle zu Rate ziehen, wenn ihr Informationen darüber braucht, wie alles entstanden ist. Es wird das

Verständnis dieser Welt sehr erleichtern, wenn ihr euch alles, was jemals passiert ist, nochmals im Detail ansehen könnt, wenn es euch interessiert. Ihr könnt auf alle Informationen zurückgreifen, denn alles, was jemals war, ist gespeichert. Ihr könnt auf eure vollständige Geschichte zurückgreifen und für die Zukunft alles verhindern, was euch jemals an eurem Leben gestört hat. Ihr könnt dafür sorgen, dass alles, was nicht mehr sein soll, auf gar keinen Fall mehr möglich wird. Dann, wenn ihr all dies vollbracht und verstanden habt, was alles nötig ist, um ein neues Lebewesen zu erschaffen, dann seid ihr auch soweit, dass ihr dieses Wissen und diese Fähigkeiten in die Weiten des Alls hinaustragen könnt. Ihr werdet euer Leben so sehr genießen und alle erst so richtig verstehen lernen, was es bedeutet, ein Schöpfergott zu sein – genießt es, denn es ist wohl das Größte, was ein Lebewesen jemals erschaffen darf – ein anderes Lebewesen, das aus sich selbst heraus ein eigenständiges Leben in einer Umgebung führen kann, die ihr ihm vorgegeben habt.

Eure Welt hat euch dann als Schöpfergötter voll integriert und kann sich auf den Weg machen, all das in die Weiten des Alls hinauszutragen, denn dort wartet eure eigentliche Aufgabe. Das, wovon ihr schon immer geträumt habt, nämlich die Weiten des Weltraums bereisen zu dürfen, das wird dann für alle möglich sein, wenn ihr es gerne möchtet. Es liegt bei euch, wann ihr beginnt, euch darauf zu konzentrieren, denn zuerst ist sicherlich viel Arbeit auf eurem Planeten zu verrichten, bis ihr an diese Aufgabe herangehen könnt. Aber das ist auch gut so, denn es sind zuerst immer die Hausaufgaben wichtiger, bevor man damit beginnt, mit seinen schöpferischen Kräften zu spielen. Eines Tages werdet ihr soweit sein und dann könnt ihr loslegen – ihr erhaltet für eure Reisen die völlige Zustimmung von uns allen – ihr habt die Freiheit, alles zu tun, was euch im freien Raum möglich erscheint. Ihr seid wahrlich großartige Schöpfer, wenn ihr dann soweit gekommen seid, alles von der Erde abzuwenden, was ihr schaden könnte. Ihr seid so einzigartig, dass man sich mit großer Bewunderung allem nähern wird, was ihr erschaffen habt, um es genauer zu begutachten. Wir alle sind dann mit euch gemeinsam unterwegs, denn wir möchten all das, was ihr an Erfahrungen bereits mitgebracht habt, ebenso für uns aufnehmen und mit euch gemeinsam alles tun, was nur möglich ist. Das ist die eine Freude, die ihr euch jetzt schon einmal auf jeden Fall genauer ansehen könnt. Die andere Freude entsteht dann aus einer ganz anderen Aufgabe, die zu erfüllen ist. Ihr seid dann alle aufgefordert, euch zurückzunehmen in eurem Schöpferdrang und anderen im Universum eure schöpferischen Fähigkeiten zu übertragen, indem ihr sie anleitet, was genau zu beachten ist, denn ihr seid die Erfahrensten von denen, die die Aufgabe haben werden, etwas Neues zu erschaffen.

Frage: Ich spüre in Deinen Worten eine große Begeisterung und Bewunderung dafür, was uns an Möglichkeiten zur Verfügung steht. Es klingt fast so, als würden wir darum beneidet werden. Ist dies die Entschädigung dafür, dass wir über viele Jahrtausende zahlreiche Leben in tiefster Dunkelheit gewählt haben und jetzt so erfahren in dem sind, was nicht dem göttlichen Prinzip der Liebe entspricht, dass kaum jemand besser dafür geeignet ist, neues Leben und neue Welten nach den göttlichen Prinzipien zu erschaffen?

Antwort: Es ist mir wichtig, dass ihr wisst, dass das, wovon wir hier sprechen, wirklich eine einzigartige Gelegenheit ist und dass wir sehen, was man alles aus den vielen Erfahrungen, die ihr mitbringt, an schöpferischen Möglichkeiten ableiten kann. Wir alle sind gespannt, was ihr daraus macht, denn das ist ja letztlich der Sinn des ganzen Theaters gewesen, das ihr durchleben durftet. Ihr solltet daraus so geläutert hervorgehen, dass es nur von größtem Vorteil sein kann, wenn man dieses Potenzial an Erfahrung dafür einsetzt, um dem göttlichen Plan etwas zu ermöglichen, was sich in dieser Form noch niemals zugetragen hat.

Frage: Wie lange wird es in etwa dauern, bis wir soweit sind, um uns mit dem Erschaffen von neuem Leben beschäftigen zu können?

Antwort: Es wird aller Voraussicht nach nicht allzu lange dauern, da ihr ja sehr schnell begreifen werdet, dass sich eure alte Welt völlig aufgelöst hat und dass die neue Welt für euch keine Bedrohung mehr darstellt. Ein Leben kann auf einem Planeten in unterschiedlichster Form ablaufen – alles ist grundsätzlich möglich, doch hängt es immer von den Voraussetzungen ab, unter denen das Leben entstanden ist und wofür das Leben gedacht ist. Das, was euer Leben ausmacht, ist, dass es keine grundlegende Vorgabe gegeben hat, und das deshalb, weil man daraus etwas entstehen lassen wollte, was zuvor niemand absehen konnte. Dieses Experiment ist zwar in einer Hinsicht nicht so verlaufen, wie es sein sollte, doch ist es letztlich doch ein großartiges Experiment geworden. Ihr seid auf diesem Wege so weit gegangen, und ihr alle habt so mutig an diesem Experiment teilgenommen, dass ihr jetzt alle dazu aufgefordert seid, alle eure Erfahrungen mit den Völkern im All zu teilen. Ihr habt so viel Erfahrung gesammelt – niemand verfügt über so ein riesengroßes Potenzial wie ihr. Seid froh, dass all dies möglich geworden ist und dass sich trotz gewisser Rückschläge und unvorhergesehener Entwicklungen alles zuletzt zum Guten gewendet hat. Ihr seid jetzt dran, diese Erfahrung mit allen zu teilen, die gerne diese Erfahrung für sich in Anspruch nehmen möchten. Euer Auftrag ist jetzt klar und deutlich der, die Informationen für alle bereitzuhalten, die sie wirklich gerne haben möchten, um sie im Sinne des göttlichen Plans für das höchste Wohl aller einzusetzen. Ihr seid jetzt aufgefordert, alles Wissen, das ihr in euch tragt und worauf ihr Zugriff habt, allen zur Verfügung zu stellen, die dieses Wissen dringend für sich benötigen, weil sie damit einen wichtigen Auftrag zu erfüllen haben. Das, was ihr erfahren habt, ist von unschätzbarem Wert, und es darf auf keinen Fall missbraucht werden, denn der Wert ist so groß, dass ihr euch vorstellen könnt, dass es wie ein großer Schatz gehütet werden muss.

Frage: Verstehe ich richtig, dass das Leben, was wir in andere Welten setzen werden, sehr wohl klare Vorgaben haben wird, damit ein so tiefer Fall, wie wir es erlebt haben, keinesfalls erneut passieren kann?

Antwort: Alles, was ihr dem Leben mitgeben werdet, beruht darauf, genau das zu verhindern, was ihr erlebt habt. Ihr werdet so sehr darauf achten, dass ihr auf jeden Fall die Vorgaben mehrfach absichert, damit niemals das wieder eintreten kann, was euch widerfahren ist.

Frage: Wir können also damit rechnen, dass die verschiedensten Sternenvölker zur Erde zu Besuch kommen, um von uns zu lernen?

Antwort: Es ist für euch eine große Ehre, euer Wissen einerseits vor Missbrauch zu beschützen und andererseits an diejenigen weiterzugeben, die damit gute Absichten verfolgen.

Frage: Ich dachte lange Zeit, dass wir Menschen doof sind und alles ruinieren, was uns anvertraut wurde – veraltete, umweltzerstörerische Technik einsetzen und uns nahezu selbst vernichten. Wer würde von so einem Volk etwas lernen wollen?

Antwort: Es ist uns ein großes Anliegen, dass ihr aufhört, euch selbst zu verurteilen, denn das, was ihr alle erlebt habt, war natürlich nicht immer erfreulich, doch war es letztlich von sehr großem Wert!

Eine Erde voller Lügen

Eine Welt voller Lügen zu erleben, ist für niemanden eine große Freude, doch ist diese Lüge, der ihr ständig ausgesetzt wart, ein wichtiger Bestandteil dessen gewesen, was ihr alle erlebt habt. Eine Welt, die nur aus Lügen besteht, ist zwar für niemanden erfreulich, doch ist sie für euch ein wesentlicher Bestandteil dessen gewesen, was man Erfahrungswelt nennen könnte. Ihr seid alle aufgerufen gewesen, den Weg in diese Lügen zu gehen, damit ihr erfahren konntet, wie es sich anfühlt, wenn man von Grund auf belogen wird und nichts, rein gar nichts von der Wirklichkeit erfährt. Eine Welt voller Lügen zu ertragen, ist nur dann nicht mehr möglich, wenn man dies erkannt hat, und genau das erfährt gerade jeder Mensch. Das, was sich jetzt abspielt, ist nichts anderes als das Aufdecken aller großen Lügen, die euch aufgetischt wurden. Ihr werdet alles erkennen können, was euch immer gesagt wurde und ganz und gar nicht auf der Liste der Wahrheit zu finden ist. Ihr seid drauf und dran, alles zu erfahren, was so lange Zeit für euch Realität war und sich jetzt als reines Hirngespinst herausstellt. Dieses Öffnen eurer verschlossenen Augen und Ohren wird sich für euch im ersten Moment wie eine Katastrophe darstellen, denn es bricht eine Welt wie ein Kartenhaus aus Lügen zusammen, das plötzlich mit einem einzigen Windstoß hinweggefegt wird. Wie ergeht es jemandem, der so lange geblendet wurde und so lange ganz und gar nicht die Wahrheit darüber erfahren durfte, was er eigentlich ist, woher er kommt und wie er dazu gekommen ist, sich dies alles anzutun? Er ist im ersten Moment natürlich völlig überrascht, weil er ganz urplötzlich erkennt, dass das, was er bisher alles gesehen hat, gar nicht der Realität entspricht. Er hat dann im nächsten Augenblick natürlich Gefühle der Enttäuschung und andererseits auch ein Gefühl der Befreiung. Je nachdem, welches Gefühl bei euch überwiegt, werdet ihr auch darauf reagieren. Wir wünschen uns, dass die Enttäuschung zwar gespürt wird, aber nicht darin ausartet, dass ihr diejenigen, die euch all das angetan haben, verurteilt und gegen sie vorgeht, denn das wäre wohl der falsche Moment, um Rache zu üben! Diese Rache wäre fatal für euch, denn das würde euch in eurer Entwicklung sehr weit zurückwerfen, denn das Karma, das ihr euch dadurch aufladet, müsste wieder erneut abgearbeitet werden. Mit den bisherigen Machthabern ins Gericht zu gehen, wäre letztendlich nur ein Mangel an Vergebung. Das, was dann passieren würde, wäre ein riesiger Rückschritt für all jene, die Vergeltung wollen – keiner könnte den Weg in die neue Welt mitgehen, wenn er sich jetzt wieder in die alten Verhaltensmuster drängen lässt. Ihr müsst dies auf jeden Fall beherzigen, denn das wäre für so viele Menschen ein fataler Rückschritt in ihrer Entwicklung.

Frage: Deine Worte über die Erde voller Lügen klingen im Verhältnis zu den Worten von Erzengel Michael eher sanft – dieser hat auf meine Bitte um eine Stellungnahme zu den zahllosen Themenbereichen wie z.B. Impfungen, Milch, Nahrungszusätze, Süßstoffe, Fluor, Haarp, Chemtrails, Krebs, Alzheimer, Chemikalien in unserem Alltag u.v.m. eine mehr als deutliche Aussage gemacht, die ich hier einfüge:

„Es ist wirklich so, dass ihr Menschen in allen Bereichen, die ihr euch nur vorstellen könnt, davon abgehalten werdet, euer Leben selbst in die Hand zu nehmen. Ihr sollt abhängig gemacht werden, und das seid ihr alle zusammen. Ihr sollt abhängig gemacht werden von einem System, das nichts anderes will, als euch noch abhängiger zu machen. Geht davon aus, dass alles, was euch als gut verkauft wird, letztlich nur einem einzigen Ziel dient. Geht davon aus, dass alles, was auf dieser Welt in der Werbung als wundervoll und geheimnisvoll wirkend angepriesen wird, auf alle Fälle für euch eine Gefahr darstellt. Geht davon aus, dass alles, was diese Welt ausmacht, eine große Lüge ist. Alles, was euch tagtäglich begegnet, ist nichts als eine große Lüge. Nichts ist so, wie

es scheint – jeder versucht nur für sich selbst etwas herauszuschlagen, doch nichts dient der Einheit – daher ist es wichtig, besonders bei Kindern größte Vorsicht walten zu lassen, denn die Kinder brauchen genau das nicht – sie sind dazu da, all dies zu verändern und zu verhindern, dass es so weitergeht, und ihr seid dazu da, um die Kinder davor zu schützen!"

Den meisten Menschen ist dies nicht bewusst, auch wenn das Internet voll von Informationen ist, die anscheinend nicht geglaubt werden, weil es eben so unfassbar ist, wie wir tagtäglich manipuliert und bewusst krank gemacht werden. Was ist der Hintergrund dafür, dass ihr diesbezüglich zumeist so vorsichtig und zurückhaltend agiert?

Antwort: Ihr solltet wissen, dass euch diese Informationen natürlich nicht so intensiv zugetragen werden sollen, denn all dies erzeugt in vielen von euch eine starke Ablehnung gegenüber den Personen, die dahinterstehen. Ihr sollt aber nicht zu sehr davon beeinflusst werden, was alles in dieser Welt bisher so geschehen ist. Es ist noch viel mehr geschehen, als ihr euch überhaupt vorstellen könnt. Ihr solltet aber bedacht darauf bleiben, dass alles, was jemals passiert ist, auch so passieren musste, weil es zu den Erfahrungen, die ihr alle machen wolltet, eben dazugehörte. Alles, was passiert ist, diente eurer Entwicklung, und jetzt, wo die Entwicklung einen Sprung machen wird, solltet ihr dadurch nicht zu sehr in die Gefahr geraten, euch selbst zu vergessen und das große Ziel aus den Augen zu verlieren.

Frage: Verstehe ich richtig, dass dadurch, dass sich schon bald der Schleier ganz hebt und die volle Wahrheit ganz plötzlich für alle sichtbar ans Licht kommt, so mancher vor lauter Ärger und Enttäuschung zu Vergeltungsmaßnahmen hinreißen lässt und sich dadurch mit neuem Karma belastet, was ihn am Aufstieg hindern könnte?

Antwort: Das Karma, das dadurch entstünde, wäre natürlich nicht sofort abzuarbeiten – es wäre erst im Laufe der Zeit möglich, dieses aufzulösen. Das Karma müsste in einer entsprechenden Situation, wo ähnliches passiert, gelöst werden, doch ist dies in der neuen Welt nicht mehr vorgesehen, denn alles, was sich gegen das Leben richtet, wird nicht mehr geduldet, und somit ist der Auflösungsprozess in der neuen Welt nicht mehr möglich!

Frage: Ich nehme an, dass es im Zuge des Umbruchs da und dort zu Unruhen und Krawallen kommt – üblicherweise gibt es dabei ein großes Polizeiaufgebot, das teilweise auch unter Anwendung von Gewalt versucht, die Menschen zur Vernunft zu bringen. Dabei ist es schon öfter passiert, dass Menschen zu Schaden oder auch zu Tode gekommen sind, aus einem unbedachten oder unbeabsichtigten Affekt heraus oder eben aus der Verkettung von unglücklichen Umständen. Ebenso gibt es immer noch zahlreiche bewaffnete Konflikte, wo zwei Parteien mit Waffengewalt gegeneinander vorgehen und viele im Auftrag ihrer Regierung (oftmals auch unfreiwillig) in den Kampf ziehen und ihr Leben durch Einsatz einer Waffe schützen und dadurch Angreifer zu Tode kommen könnten. Wenn so etwas passiert, ist dies dann ebenfalls so, dass die Soldaten/Polizisten karmisch belastet werden und nicht aufsteigen können?

Antwort: Die Welt wird in einem großen Zusammenbruch auf alles verzichten müssen, was sie derzeit kennt. Nichts mehr wird funktionieren, was eure alte Welt ausmacht – natürlich wird die Forderung der Bevölkerung an die Machthaber groß sein, und es wird vor allem gefordert, dass diese aus dem Amt scheiden und das Volk sich selbst regieren kann. Das wird manchmal nicht so einfach vonstattengehen, und es kann sein, dass es Menschen gibt, die sich auf die Seite der Machthaber stellen und ihnen mit der Waffe beistehen. Wenn dies eintritt, werden diese Menschen natürlich von gewissen Ereignissen belastet, die dazu führen könnten, dass es eben nicht mehr möglich ist, den Aufstieg mitzumachen. Für all diese Menschen ist das nicht so besonders erfreulich, denn sie alle verlieren die Berechtigung, den Weg in die neue Welt mitzugehen.

Frage: Was passiert mit den Menschen, die, aus welchen Gründen auch immer, nicht aufsteigen können? Bleiben diese irgendwie zurück, oder beenden sie die Inkarnation durch plötzlichen Tod, oder gibt es noch andere Möglichkeiten, die wir nicht kennen? Wie können wir uns das vorstellen?

Antwort: Dieser Welt steht natürlich nicht nur der alte, klassische Weg zur Verfügung, um Menschen aus ihrem Leben abzurufen – ihr kennt derzeit nur den Tod als Möglichkeit, dieses Leben zu beenden. Darüber hinaus gibt es aber zahlreiche andere Gelegenheiten, um einer Seele klarzumachen, dass dieses Leben jetzt hier auf der Erde nicht weitergeführt werden kann – wir haben alle Möglichkeiten zur Verfügung, die ihr euch nur vorstellen könnt, denn es ist nicht nur das, was ihr kennt, gültig – wir haben darüber hinaus zahlreiche andere Möglichkeiten, um uns von hier nach da zu bewegen, und es ist insofern möglich, dass wir euch allen klarmachen, dass jetzt eine ganz andere Art der Erfahrung zu machen ist, die nicht in diesem Leben stattfinden kann – es gibt zahlreiche andere Gelegenheiten für die Seelen, ihre Möglichkeiten zum Abbau von karmischen Verstrickungen zu nutzen. Eure Welt ist im Augenblick von so vielen Ereignissen betroffen, dass es laufend Gelegenheiten gibt, hier auf der Erde einzugreifen, denn es ist jetzt wichtig, dass vieles nicht passiert, was euch schaden könnte, und es ist wichtig, dass wir euch hier zu diesem Zeitpunkt aufrechtstehen helfen, denn vieles wäre ansonsten kaum zu ertragen, wenn ihr nicht Hilfestellung bekommen würdet. So ist es auch in diesem Zusammenhang zu sehen, dass alles vermieden wird, was euch zu sehr schaden und dazu führen könnte, dass ihr diesen Weg nicht wirklich antreten könnt. Hierfür sind wir alle angetreten.

Frage: Ich nehme an, dass unsere Eigenverantwortung für euer Einschreiten Voraussetzung ist und wir uns nicht einfach blind darauf verlassen, dass uns sowieso geholfen wird, wenn wir nicht aus dem Herzen agieren?

Antwort: Euer Leben ist von größter Bedeutung für uns alle – daher ist es so wichtig, dass wirklich alles klar und deutlich gesagt wird – ihr solltet wissen, dass dies für uns ebenso wichtig ist wie für euch, denn niemandem ist geholfen, wenn dieses Experiment in seiner Endphase noch ungewollt in Schwierigkeiten gerät. Seid gewiss, dass wir alles tun, um zu vermeiden, dass dieses Experiment gefährdet wird – niemand will dies und wir werden natürlich alles tun, was in unserer Macht steht. Ihr sollt euch natürlich auch einbringen und mit uns gemeinsam genau das gleiche Ziel verfolgen, und davon gehen wir natürlich auch aus, außer jemand möchte dies partout nicht.

Frage: Wo werden die Seelen, die den Aufstieg nicht mitmachen werden, ihren Erfahrungsweg in der ausgeprägten Dualität fortsetzen?

Antwort: Das, was du als Erde kennst, ist ein Planet, der im Universum irgendwo an einem ganz bestimmten Platz seine Umlaufbahn eigenommen hat. Wenn nun diese Seelen den Weg von der Erde weg antreten, werden sie natürlich nicht sofort eine neue Erfahrungswelt wählen, doch werden sie darauf vorbereitet, damit sie später den Weg in eine neue Welt antreten können. Dann, wenn sie dazu bereit sind, wird es einen von zahlreichen ähnlichen Planeten geben, die diese Art der Erfahrung ermöglichen.

Frage: Sind die Schwingungen, die Kirchenglocken in der Regel erzeugen, für unsere Eigenschwingung förderlich oder schädlich?

Antwort: Wenn ihr der Glocke der Kirche in näherer Umgebung ausgesetzt seid, dann werdet ihr feststellen, dass es euch ziemlich schwermütig macht – ihr werdet feststellen, dass die Glocke in ihrem Klang nicht wirklich positive Stimmungen in euch hervorruft, und daher wäre es sinnvoll, diesen Glocken aus dem Wege zu gehen.

Frage: Jeden Sonntag und Feiertag, zu jedem Kirtag und zahlreichen anderen Volksfesten, wo viele Menschen zusammenkommen, werden die

Kirchenglocken intensiv und lange geläutet – ist das System? Will man unsere Eigenschwingung damit bewusst niedrig halten, um uns klein, gefügig und ehrfürchtig vor dem uns fälschlich vorgegaukelten strafenden Gott zu halten?

Antwort: Die Glocken sind eines der Instrumente, die die Kirche benutzt, um ihre Schafe zusammenzuhalten – sie daran zu hindern, auszubrechen und in ihrer Entwicklung nicht zu weit voranzukommen.

Frage: Dies lässt die kirchliche Institution als ein massives Unterdrückungswerkzeug der Machthaber im Hintergrund erkennen, wo durch die missbräuchliche Auslegung der göttlichen Wahrheit das Volk am Erkennen seiner eigenen Göttlichkeit gehindert wurde und noch immer gehindert wird. Sehe ich das richtig?

Antwort: Es ist mir ein Anliegen, dass ihr dies grundsätzlich erkennt, doch ist es mir auch ein Anliegen, dass ihr das alles nicht als das, was es war, seht, sondern wozu das Ganze gedient hat. Es diente der Erfahrung, und deshalb ist es von Wert gewesen, denn sonst hättet ihr vieles nicht erfahren können.

Frage: Aus deiner Antwort entnehme ich, dass du uns eindringlich davor warnst, die Machenschaften der Machthaber zu verurteilen und Vergeltung zu üben, sondern du möchtest, dass wir es als wichtige Erfahrung ansehen und neutral bleiben und den höheren Sinn dahinter erkennen. Letztlich war/ist die dunkle Seite ja auch nichts anderes als nur eine andere Ausprägung von ein und derselben Sache und somit unverzichtbar für die Dualität.

Antwort: So sollte es sein – alles zwar zu hinterfragen, doch nicht sofort ins Verurteilen zu gehen und schon gar nicht an Vergeltung zu denken, denn das ist das Letzte, was euch dienlich wäre.

Alles ist möglich

Auf eurer Welt wird es in sehr naher Zukunft viele Menschen geben, die klar und deutlich verstanden haben, wer sie sind und wissen, warum sie hier sind, und sie werden alles dazu beitragen, dass sich diese Erde grundlegend wandelt. Alles wird machbar sein, was euch jetzt noch als völlig utopisch erscheint. Alles, was ihr euch ersehnt, ist von nun an wirklich machbar – ihr könnt euch von nun an wirklich alle eure Träume erfüllen – ihr seid in der Lage, das Leben in allen seinen Facetten und Möglichkeiten auszukosten, und ihr habt keinen einzigen Grund mehr, euch vor irgendetwas zu fürchten oder euch zu sorgen, dass es morgen vielleicht keine Möglichkeit mehr gibt, euer Leben fortzusetzen, weil Umstände eingetreten sein könnten, die euch daran hindern. Darüber hinaus solltet ihr nicht nur diese eine Ebene beibehalten, die euch so vertraut ist, sondern ihr solltet alle anderen Möglichkeiten und Varianten, euer Leben interessant zu gestalten, auch auskosten. Dazu gehört der Umgang mit allen Wesenheiten, die jetzt für euch alle sichtbar sein werden. Das neue Leben hat mit euren bisherigen Erfahrungen nur mehr sehr wenig gemeinsam, denn ihr seid dann in der Lage, mit allen an eurem Leben Beteiligten zu kommunizieren – alles, was ihr bisher vielleicht nur im Ansatz erspürt habt oder was ihr bislang als nicht existent und als Fabelwesen abgetan habt, das wird für euch plötzlich da sein, und ihr werdet damit interagieren und von uns mit den Möglichkeiten, die euch dadurch geboten werden, vertraut gemacht. Ihr seid dann nicht mehr alleine auf dieser Welt, sondern ihr könnt dieses Leben mit uns gemeinsam verbringen. Ihr braucht dann nicht mehr alleine dieses Leben meistern und müsst euch durchkämpfen, sondern ihr seid da, um mit uns gemeinsam Großartiges zu vollbringen. Eine neue Welt entsteht, in der die Menschen diejenigen sind, die das Sagen haben – nicht Einzelne, sondern alle zusammen sind ein großes Team aus Schöpfern, die dieses Leben zusammen meistern. Ihr seid in die Inkarnation gegangen, um im vollen Bewusstsein eure Aufgabe zu erfüllen. Ihr seid hier, um den Auftrag, den ihr euch selbst aufgetragen habt, auszuführen, und alle sind da, um euch dabei behilflich zu sein. Das ist ein völlig neuer Ansatz für das Verständnis eurer selbst, und das macht die Herausforderung für euch ja so besonders interessant. Darüber hinaus wird euch das Leben mit vielen Details versüßt werden, die ihr derzeit nicht einmal im Ansatz begreifen könnt, denn das schöpferische Potenzial hat so seine besonderen Details, die ihr erst erfahren müsst. Freut euch darauf, denn dieses Potenzial ist unendlich. Eure Welt hat sich dann bereits in so kurzer Zeit so vollständig verändert, dass es euch so vorkommt als wäre es nie anders gewesen. Ihr seid in einer Welt angekommen, die auf jeden Fall viel mehr von euch verlangt, als ihr vielleicht glaubt, denn euer Auftrag besteht zuerst einmal darin, alles zu entdecken, was denn alles an neuen Möglichkeiten hinzugekommen ist. Ihr seid dann zufriedener als bisher, denn es gibt ja nichts mehr, was ihr gezwungenermaßen tun müsst – ihr seid dann so sehr mit euch allen zufrieden, dass ihr anfangt, mit den Möglichkeiten zu spielen, und das macht so viel Freude, dass ihr kaum davon ablassen könnt, zu entdecken, was alles zur Verfügung steht. Seid gewiss, dass ihr dann so sehr an dieses Leben gewöhnt seid, dass niemand zurückdenkt und sagt, ach, wie schön wäre es, wenn...

Frage: Sind die Naturwesen (Feen, Elfen, Zwerge, Kobolde, Devas usw.) sowie ihr Engel und Erzengel und unsere Sternenbrüder wie z.B. Arkturianer oder Plejadier usw. dann für wirklich jeden Menschen sichtbar, oder bleibt dies den hellsichtigen unter uns vorerst vorbehalten, bis die anderen diese Fähigkeit nach und nach entwickeln?

Antwort: Es ist so, das ihr zu Beginn natürlich erst ein bisschen Übung darin braucht – alles wird nicht sofort für alle sichtbar sein, denn es braucht etwas Zeit, damit sich euer System an all das gewöhnt. Ihr werdet jedoch gleich vieles erkennen können, was euch vorher verborgen geblieben war.

Frage: Viele Menschen haben Angst vor dem Aufstieg, weil es etwas Unbekanntes ist, und wir Menschen fürchten uns ja grundsätzlich vor allem, was wir nicht kennen. Viele sorgen sich, dass durch die enormen Umwälzungen Lebensmittel, Wasser usw. nicht ausreichend zur Verfügung stehen könnten – in Anbetracht des vollen Bewusstseins über unsere Herkunft und im vollen Bewusstsein dessen, dass wir nicht alleine sind und schöpferische Kräfte haben, sollte dies ja keine Probleme darstellen. Ist es richtig, dass es eben aus diesen Gründen keinen Mangel mehr geben kann, oder brauchen wir mehr Zeit, um unsere Möglichkeiten zu entfalten und dazu in der Lage zu sein, uns mit allem zu versorgen, was wir brauchen?

Antwort: Eine neue Welt ist entstanden, und diese neue Welt kennt keinen Mangel mehr – alles ist sofort für euch so gestaltbar, dass es keinen Mangel mehr geben muss. Allerdings könnte es sein, dass ihr von eurem Informationsstand über das, was alles geschehen ist, noch etwas hinterherhinkt und nicht so recht wisst, was genau an Möglichkeiten jetzt zur Verfügung steht.

Frage: Ist es u.a. deshalb so wichtig, dass jetzt wirklich jeder Mensch von den nahenden Veränderungen Kenntnis erlangt und sich darauf einstellen kann, was in Kürze alles vor sich gehen wird, damit dann schneller klar ist, was genau an Möglichkeiten zur Verfügung steht?

Antwort: Eine neue Welt zu ergründen, ist für viele eine echte Herausforderung – alles, was auf diesem Planeten vor sich gehen wird, ist eine echt große Herausforderung für jeden, der auf den Aufstieg nicht vorbereitet ist. Es ist daher so enorm wichtig, dass wirklich alle Bescheid wissen.

Frage: Du hast mich mit dem folgenden Satz neugierig gemacht „Darüber hinaus wird euch das Leben mit vielen Details versüßt, die ihr derzeit nicht im Ansatz begreifen könnt, denn das schöpferische Potenzial hat so seine besonderen Details, die ihr alle erst erfahren müsst." Willst du uns darüber mehr erzählen?

Antwort: Es ist so, dass ihr zwar in der Lage seid, euch mit eurem Geist alles zu erschaffen, was euch in den Sinn kommt, doch da kommen noch diverse andere Möglichkeiten auf euch zu, die natürlich nicht nur die geistige Ebene betreffen, sondern euch auch die körperliche Ebene voll und ganz genießen lassen. Das Leben auf der körperlichen Ebene ist nicht mehr das, was es einmal war. Eure Körper sind so lichtvoll, dass wirklich alles damit zu machen ist, was man sich nur vorstellen kann. Eure Körper haben sich so sehr verändert, dass alles, was die Wahrnehmung anbelangt, noch in viel höherem Maße als bisher spürbar und verfeinert sein wird. Eure Körper sind sehr empfindsame Antennen, die alles aufnehmen, was es an Impulsen auf allen Ebenen wahrzunehmen gibt. Ihr seid mit diesen Körpern so sehr sensibel, dass es eine Freude ist, all das aufzunehmen, was euch geboten wird. Ihr seid auf der Ebene der Gefühlswahrnehmung in vielen Bereichen erst am Anfang dessen, was es an Erfahrungen zu machen gibt. Ihr seid auf der Ebene der Wahrnehmung von allen euren Emotionen sehr, sehr stark blockiert und es wird dann Möglichkeiten geben, euren Körper so sehr zu stimulieren, dass die Intensität eurer Gefühle mit heute nicht vergleichbar ist. Das Leben in diesem neuen Körper ist so von einer Sensibilität der Gefühle geprägt, wie ihr sie euch jetzt nicht einmal ansatzweise vorstellen könnt, denn die körperliche Ebene hat sehr viel zu bieten, was über eure fünf Sinne weit hinausgeht.

Frage: Ich habe über die Bewohner des Arkturus-Systems gelesen, die von ekstatischen Gefühlserfahrungen berichten, welche unsere höchsten sexuellen Erfahrungen bei weitem übersteigen, ohne diesen uns bekannten sexuellen Akt vollziehen zu müssen. Wie kann ich mir das vorstellen?

Antwort: Das Leben in einem lichtvollen Körper hat natürlich auch noch zahlreiche andere Erfahrungswelten als nur die der Sexualität. Das neue Leben bedient sich nicht der manuellen Stimulation eurer erogenen Zonen, sondern es bedient sich anderer Möglichkeiten, um eure Zentren der Empfindung zu stimulieren. Ihr könnt auch mit euren Gedanken die Libido der Menschen stimulieren, damit sie all das wahrnehmen, was ihr ihnen vollbringen möchtet. Ihr könnt nur mit eurer Absicht einen Menschen auf das allerhöchste stimulieren, sofern er bereit ist, dies von euch anzunehmen. Ihr könnt dabei auch ganz ohne körperlichen Kontakt auskommen. Das, was ihr sexuelle Erfahrung nennt, ist in diesem Körper natürlich auch noch möglich, doch sollte dies nicht mehr nur auf der körperlichen Ebene geschehen, denn das, was ihr den Akt der Liebe nennt, könnt ihr in Verbindung mit euren geistigen Möglichkeiten noch viel mehr auskosten. Das Spiel mit den Energien wird hierfür sorgen, dass eure Körper alles mitmachen, was ihr ihnen als Erfahrungswelt anbietet – sie können sich auf alles einstellen, was ihnen Freude bereitet, und es in vollen Zügen genießen.

Frage: Dies bringt mich zur nächsten Frage bezüglich der Partnerschaft. Heute leben wir meist in engen Beziehungen überwiegend monogam – andere wiederum leben ein lockeres Single-Leben mit zahlreichen sexuellen Abenteuern mit unterschiedlichen Partnern. Viele Menschen fragen sich, wie Partnerschaften künftig funktionieren werden, ob es die klassische Familie immer noch gibt, oder ob es ein lockeres Miteinander geben wird? Wir können wir uns das vorstellen?

Antwort: Das neue Leben wird auch hier einige Veränderungen mit sich bringen. Ihr könnt davon ausgehen, dass die Partnerschaften, die heute existieren und gut funktionieren, auch in weiterer Zukunft unverändert aufrechterhalten bleiben werden, weil man sich dies so selbst wünscht. Das neue Leben bringt aber auch eine völlig neue Erfahrungswelt mit sich, die ihr erst alle kennenlernen müsst. Dazu wird es notwendig sein, sich auch einmal mit der Materie der energetischen

Liebe auseinanderzusetzen und dafür zu sorgen, dass diese Erfahrungen in den verschiedenen Bereichen erst einmal ergründet werden. Die neue Liebe unter den Menschen, die sich in dieser Form nicht als Partner erfahren, sondern lediglich danach trachten, dass es allen Menschen so gut wie nur irgend möglich ergeht, wird dafür sorgen, dass jeder, wenn er sich denn auf einen Prozess der Gemeinsamkeit einlassen möchte, alles erfahren kann, was auf dieser Ebene möglich ist, und dazu wird es nicht notwendig sein, den Menschen manuell zu berühren, denn diese Erfahrungswelt basiert auf ganz anderen Möglichkeiten, als ihr sie derzeit habt. Diese neue Welt strotzt vor Überraschungen, und es wird euch große Freude machen, all dies zu ergründen, auch wenn euch heute noch die Vorstellung von dem fehlt, wovon ich euch zu berichten versuche. Das neue Leben kann auf der Ebene, auf der ihr euch derzeit befindet, nicht begriffen werden, denn mit den Werkzeugen der Erfahrungen der Dreidimensionalität lassen sich die Möglichkeiten eines erfüllten Seins auf viel höheren Ebenen nicht erfassen.

Frage: Ein Kind zu empfangen, empfinden viele Menschen heute fälschlich als rein zufälligen/willkürlichen Akt – daher werden auch so viele Verhütungsmittel benutzt, um sich vor ungewollter Schwangerschaft zu schützen. Deinen Ausführungen entnehme ist, dass der sexuelle Akt, wie wir ihn heute kennen, gar nicht der höchste ekstatische Genuss sein wird, den wir erfahren können – daraus schließe ich wieder, dass dieser Akt an Bedeutung verlieren wird und nur mehr dazu dient, die Befruchtung zu ermöglichen, um einer Seele den Weg in einen menschlichen Körper zu eröffnen. Habe ich dies so richtig verstanden?

Antwort: Das, was ihr heute beim sexuellen Akt der Liebe empfindet, ist für die neue Zeit eine völlig neue Art des sexuellen Genusses, doch wird der Akt in dieser Form völlig neue Aufgaben übernehmen, denn er dient nicht der Befruchtung, da dies sekundär sein wird, denn es gibt zahlreiche andere Möglichkeiten, das Leben in dieser Form zu genießen. Das neue Leben beinhaltet diese ekstatischen

Erfahrungen sowohl in Kombination mit dem sexuellen Akt als auch ohne – das obliegt ganz eurem eigenen Empfinden, wie ihr dies haben möchtet. Das Leben hat dafür auch noch andere Voraussetzungen bereit – ihr könnt dies auch auf größere Distanzen erfahren, wenn euer Partner nicht in eurer unmittelbaren Nähe ist und ihr trotzdem die Liebe zu ihm im vollen Ausmaß genießen möchtet. Die neue Liebe ist für euch heute nicht vorstellbar, denn sie hat nichts mit den sexuellen Erfahrungen der alten Welt gemein – alles ist völlig anders und es macht einfach viel mehr Spaß und es ist kein eigentlicher Akt der Liebe, wie ihr ihn kennt, sondern es ist letztlich nur das höchste Gefühl, das ein Mensch in der Lage ist wahrzunehmen – und das jemandem zu ermöglichen, ist ein Akt der Liebe, und so wird es zu sehen sein.

Frage: Wird die Zeugung und die Geburt eines neuen menschlichen Wesens eine Veränderung erfahren?

Antwort: Es wird so sein, dass ihr zwar wie gewohnt die Zeugung des Kindes vornehmen werdet, doch ist dieser Akt als ein gemeinschaftlicher Willensakt zu sehen, den ihr gemeinsam mit der Seele, die durch euch zur Welt kommen soll, vollziehen werdet. Es ist ein Akt der gemeinsamen willentlichen Schöpfung neuen Lebens. Das neue Leben, das zur Erde kommen soll, wird auf die Art und Weise gezeugt, wie ihr es kennt. Das neue Leben wird auch in einer sehr ähnlichen Art und Weise zur Welt gebracht werden, denn die Geburt ist ein feierlicher Akt, den viele von euch gemeinsam erleben werden. Diese neue Seele wird von euch allen in der Gemeinschaft willkommen geheißen, und sie wird voller Liebe umsorgt werden. Das kann von vielen übernommen werden und bleibt nicht nur in den Händen der Mutter oder des Vaters, auch wenn diese natürlich in erster Linie ihre eigene Willenserklärung für die Fürsorge abgegeben haben, doch ist dieses Wesen auch ein Mitglied eurer großen Familie, und so wird sich diese Familie liebevoll um jedes einzelne neue Kind kümmern.

Das neue Recht

Eine neue Welt ist entstanden und sie ist für alle so neu, dass man sich erst einmal damit auseinandersetzen muss, ehe man sich wirklich darin zurechtfinden kann. Ihr seid dann auf der Erde die Einzigen, die das Sagen haben – niemand wird sich jemals wieder in euer Leben einmischen, denn alles, was euch beliebt, soll genau so sein, sofern es euch allen daraufhin keine Probleme bereitet. Eine neue Welt ist für viele eine große Freude und voller Freude wird man sich natürlich nicht sofort an die neuen Gesetze des Universums gewöhnt haben, denn alles, was auf der Erde abläuft, unterliegt natürlich den Gesetzen des Universums. Ihr seid gefordert, euch damit intensiv auseinanderzusetzen, denn diese Gesetze sind sehr klar definiert und sie wirken immer und sofort. Eine neue Welt braucht in erster Linie Menschen, die erwacht sind und die jetzt sofort anerkennen, dass es neue Gesetze gibt, die euch bislang zwar vorläufig nicht bekannt waren, aber immer da waren und gegolten haben. Auf dieser Erde habt ihr bislang gehört, dass es Gesetze gibt, auch wenn euch diese Gesetze niemals genau vorgestellt wurden, weil sie ja einfach nur da waren, um euch auf der Erde in ein System zu pressen, das niemals zulässt, dass sich daraus etwas viel Höheres erhebt, als es eben von den Machthabern gewünscht war. Ihr seid gefordert, euch jetzt genau darüber zu erheben und auf das zu fokussieren, was euch obliegt – es ist dies, das Leben in einem wundervollen Zustand zu erlangen, den ihr so nicht gekannt habt. Erhebt euch über euch selbst und erhebt euch über die Gesetze der Menschen, denn sonst wird das Leben nicht so wundervoll sein können, als es für euch vorgesehen ist. Eine neue Welt braucht auch ein neues Denken – niemand sollte mehr in das alte Muster zurückfallen und niemand sollte sich auf etwas einlassen, das nicht dem höchsten Wohl aller entspricht. Es ist so, dass ihr zuerst einmal erkennen müsst, was alles geschehen ist, um euch auf die neuen Gesetze zu konzentrieren – ihr müsst alles beiseite legen, was aus der alten Zeit mitgenommen wurde – alle eure Gewohnheiten – alles, was euch bisher in ein System gepresst hat, das ihr eigentlich gar nicht wollt. Es ist Zeit, dass ihr anfangt, euch mit dem zu beschäftigen, was euch die Gesetze des Universums sagen wollen – es ist an der Zeit, dass ihr beginnt, euch darauf zu konzentrieren, wie ihr das verstehen sollt, denn darin steckt sehr viel Wissen und dieses Wissen ist sehr wichtig für euch. Macht allen Menschen klar, dass diese Gesetze besonders wichtig sind, um sich in der neuen Welt zurechtzufinden. Alles, was darin verborgen ist, ist für euch von größter Bedeutung und daher möchten wir gerne, dass ihr ernsthaft darüber nachtdenkt, wie ihr denn damit am besten umgeht, denn die Konsequenzen daraus sind vielschichtig und sie sollten euch allen bekannt sein.

Frage: In der Aussage, dass wir Menschen hier das Sagen haben steckt für mich sehr viel. Ich entnehme daraus u.a. eine wichtige Grundlage – die der Eigenverantwortung. Wir sind es aber gewöhnt, die Verantwortung für unser Leben in die Hände der Politik und unsere veralteten Systeme zu legen, anstatt selbst als Schöpfer die Verantwortung für unsere Lebensumstände zu übernehmen. Ich kann mir vorstellen, dass die Verantwortung für sein Leben im vollen Umfang wieder selbst zu übernehmen für viele noch ein schwieriger Weg werden könnte. Hast du eine Hilfestellung für uns, wie wir diese Eigenverantwortung am besten jetzt sofort zu uns zurückholen können?

Antwort: Das, was du hier an Frage stellst, ist wohl das Entscheidendste überhaupt, was ein Schöpfergott in sich vereinen muss. Ihr seid gefordert, alles, was ihr an Verantwortung abgegeben habt, zu euch zurückzuholen, indem ihr einfach einmal überlegt und nachdenkt, wen ihr denn in eurem Auftrag mit der Erschaffung eurer Welt beauftragt habt. Die neue Welt braucht Schöpfer, die vollends mit sich im Einklang sind, denn es braucht Menschen, die klar und deutlich ihre Schöpferrolle ausüben. Das Leben in der neuen Zeit braucht euch alle in der vollen Macht, die euch gegeben wurde – ihr braucht diese Macht, denn sonst ist euer Leben nur die Hälfte wert! Das neue Leben braucht alles, was in euch zur Verfügung steht, denn sonst könnt ihr euren Auftrag nicht vollständig ausführen. Ihr müsst vollends in euch ruhen und voller Kraft und Stolz auf das, was in euch steckt und zur Verfügung steht, für eure eigenen Kreationen des neuen Lebens auf der Erde sorgen. Seid versichert, dass alle Menschen dieses Potenzial in sich tragen, und seid auch versichert, dass ihr die Unterstützung bekommt, die ihr braucht, um all das zu ermöglichen, was euch möglich ist. Doch seid versichert, dass dies nur dann möglich ist, wenn ihr eure Verantwortung für euch selbst übernommen habt. In dieser Zeit der Neuerungen werdet ihr auf das angewiesen sein, was in euch zur Verfügung steht, doch dies könnt ihr nur, wenn ihr die volle Verantwortung für euch selbst tragt – gebt sie nicht mehr irgendwelchen Leuten, sondern seid diejenigen, die ihr immer schon wart – Schöpfer eures eigenen Lebens. Indem ihr euch das bewusst macht, könnt ihr aufstehen und klar sagen:

„ICH BIN ein Schöpfergott – ICH KANN mein Leben ganz alleine so gestalten, wie ich es haben möchte, und dafür brauche ich niemanden. ICH BIN frei von allen Menschen, die bisher über mich bestimmt haben. ICH BIN frei in meiner Entscheidung, wie ich leben möchte, und ICH BEFREIE MICH aus dem System, das dieses Leben bislang bestimmt hat."

Anmerkung: Ich wurde an dieser Stelle angehalten, mich mit den universellen Gesetzen näher auseinanderzusetzen und sie hier in meinen Worten wiederzugeben. Die nun folgenden Ausführungen basieren auf meinen persönlichen Erkenntnissen sowie auf dem Entwicklungsstand meines persönlichen Bewusstseins zum Zeitpunkt der Entstehung dieser Zeilen.

Vorwort zu den 7 kosmischen Gesetzen

Die kosmischen Gesetze sind unfehlbar und gelten von Anbeginn an für alle und überall im Kosmos. Die Macht unserer Gedanken ist die Grundlage, mit der wir unser Leben bestimmen, selbst wenn dies den wenigsten Menschen bewusst ist. Unsere inneren Programme steuern alles, was wir im Außen erleben – wenn uns das Ergebnis nicht gefällt, so können wir in unserem Inneren das Programm ändern, um andere Ergebnisse im Außen zu erzielen. Es wird Zeit, dass wir dies anerkennen, denn wir sind die Schöpfer unseres Lebens und wir erschaffen es jeden Tag aufs Neue! Niemand ist Opfer von Zufällen oder Verkettung unglücklicher Umstände, auch wenn ich diese Formulierung für einen plakativen Vergleich vorhin bewusst gewählt habe. Niemand ist dem sogenannten Schicksal oder dem Zufall ausgeliefert – jeder hat die Möglichkeit, zu jeder Zeit im Hier und Jetzt sein Leben grundlegend zu verändern, indem er seine Gedanken verändert, seine Überzeugungen hinterfragt, sich seine unpassenden Prägungen bewusst macht und diese verändert. Wir sind Schöpfer, und je mehr uns dieser Umstand bewusst ist, desto mehr werden wir unser Leben genießen! Wer die universellen Gesetze kennt, kann alle seine aktuellen Lebensumstände erklären und verfügt über die Macht, diese unmittelbar zu verändern. Die bewusste Innenschau ist der Schlüssel zum Erfolg! Alles ist möglich – lediglich unsere eigenen Begrenzungen schränken die Möglichkeiten ein – alles ist soweit möglich, wie wir es für möglich erachten und daran glauben, dass es möglich ist.

Frage: Wir müssen uns immer und immer wieder bewusst machen, dass wir hier sind, um uns weiterzuentwickeln und einen Auftrag zu erfüllen. Ist es richtig, zu behaupten, dass die Kenntnis und das Verständnis der 7 kosmischen Gesetze und ihre Befolgung eine essentielle Grundvoraussetzung für die erfolgreiche Erfüllung unseres Seelenplanes ist?

Antwort: Das Leben ist letztlich nichts anderes als die Erfüllung eines Plans, und dieser Plan ist wiederum nichts anderes als das, was ihr euch selbst aufgetragen habt. Diese Welt braucht Menschen, die sich dieses Umstands voll und ganz bewusst sind – alle, die das nicht sind, haben große Schwierigkeiten, denn sie erkennen nicht, was genau ihr Weg ist, und daher irren sie herum und haben ein schweres Los.

1. Prinzip: Geistigkeit

Alles ist aus dem Geist entstanden! Allem, was in unserer Realität existiert, geht der Gedanke voraus – ohne Gedanke erfolgt keine Schöpfung. Die anzuerkennende Konsequenz daraus ist, dass der Geist die Materie beherrscht. Es gibt somit keinen Zufall, kein Schicksal und kein Glück oder Unglück – alles ist durch Gedanken erschaffen. Am Beginn von allem, was ist, stand der Gedanke – somit ist alles, was ist, aus einem einzigen Gedanken entstanden – dies wiederum erklärt, warum alles untrennbar miteinander verbunden war, ist und letztlich immer eins *sein wird. Alles zusammen bildet eine Einheit, und jeder einzelne Mensch, jedes Tier, jede Pflanze, jeder Stein usw. fügt sich zu einem großen Ganzen zusammen. Der große Geist – das reine Bewusstsein – ist die göttliche, schöpferische Urkraft – die Quelle von allem, was ist. Der personifizierte Gott existiert somit nicht, und in uns Menschen steckt diese schöpferische Urkraft und kommt in dem Grad zum Ausdruck, in welchem Maße unser Bewusstsein entwickelt ist. Je höher das Bewusstsein eines Menschen entwickelt ist, desto bewusster setzt er seine schöpferischen Kräfte gezielt ein. Das Umfeld, in dem wir leben, und die laufenden Geschehnisse beeinflussen unsere Gedankenstruktur. Je nachdem, wie wir die Geschehnisse um uns herum wahrnehmen und gegebenenfalls bewerten, werden wir unsere Gedanken ausrichten und damit unsere weitere Zukunft erschaffen. Indem wir die Geschehnisse urteilsfrei als wertvolle Erfahrung wahrnehmen, sind wir auf die positiven Erkenntnisse ausgerichtet und suchen die Liebe in allem, was um uns geschieht. Dadurch ist unsere Gedankenstruktur auf die Liebe gerichtet, und automatisch erschaffen wir neue dementsprechende Erfahrungen.*

Beurteilen bzw. verurteilen wir, was in unserem Leben geschieht, und entwickeln wir daraus Überzeugungen, Ängste und Abneigungen, so werden wir durch diese Prägung unserer Gedankenstruktur entsprechend neue Realitäten erschaffen. Wir erschaffen uns Himmel und Hölle selbst! Jeder, der dieses Prinzip erkennt, dass er selbst die Situation erschaffen hat, der gibt die Schuld nicht mehr den Anderen. Unsere Gesellschaft hat uns bereits in frühester Kindheit geprägt – alles ist darauf aufgebaut, dass jeder Einzelne und jede Handlung bzw. jedes Ereignis bewertet und fleißig verurteilt wird, ohne die wahren Hintergründe jemals genauer zu betrachten und sich ein umfassendes Bild des Ganzen zu machen. Nachdem unsere negative Gedankenstruktur erneut die Quelle der nächsten Situation ist, hört dieses Spiel wohl niemals auf, solange wir bewerten und verurteilen. Der Ausstieg aus dieser Spirale gelingt nur, wenn wir als neutrale Beobachter alles, auch die im Hintergrund wirkenden Kräfte, wahrnehmen, ohne zu bewerten und ein Urteil zu fällen.

Frage: Möchtest du meine Ausführung ergänzen oder korrigieren?

Antwort: Es gibt dem nichts hinzuzufügen.

2. Prinzip: Anziehung (Resonanz)

Alles, was uns in unserem Leben widerfährt, ist ein Spiegelbild unserer selbst! Das Prinzip der Anziehung bedeutet, dass wir im Außen das erfahren, was wir im Inneren sind. Unsere Worte spiegeln unsere Gedanken und werden zu unseren Taten – der Gedanke ist die Energie, die ihresgleichen anzieht. Wir gehen derzeit noch sehr unvorsichtig mit unserer Gedankenwelt um und erkennen nicht, dass wir laufend darüber unsere Außenwelt erschaffen. Das Ziel aller Ziele ist, die Liebe zu allem, was ist, zum Ausdruck zu bringen. Wenn sich jemand jedoch selbst nicht liebt, so kann er auch keine Liebe anziehen! Was man gibt, das bekommt man, und wer gelernt hat, seine innere Welt zu verstehen, der

begreift seine eigene Macht – durch die ehrliche Selbstbetrachtung ge-
langen wir zu den Ursachen für die Ereignisse in unserem täglichen Le-
ben. Eine negative Grundhaltung (z.B. Angst) führt dazu, dass das be-
fürchtete Ereignis eintritt. Dies bezieht sich ausnahmslos auf alle Le-
benslagen. Positives wird auch Positives anziehen und umgekehrt –
unsere Mitmenschen sind unsere Spiegelbilder. Eine liebevolle Grund-
haltung beinhaltet, dass man von Herzen gerne gibt, und nachdem die
Liebe einfach nur ist und nichts erwartet, erwartet man auch keine Ge-
genleistung dafür. Wenn man erwartet, dass sich die anderen ändern, so
wird man enttäuscht werden, denn jede Erwartung stößt automatisch
auf Ablehnung. Der innere Mangel führt dazu, dass man die Lösung
im Außen sucht und nicht findet und automatisch den anderen die
Schuld für die Ergebnisse unserer eigenen Schöpfung gibt. Entscheidend
ist, seine wahren Absichten zu ergründen und dafür zu sorgen, dass der
innere Wunsch mit der Absicht übereinstimmt. Aus dem Herzen zu le-
ben, ist die Quelle für ein erfülltes Leben – jede nur erdenkliche Situati-
on, die wir tagtäglich beobachten, ist eine Chance, unsere Herzenskraft
zu verstärken, indem wir beispielsweise in eine Konfliktsituation Liebe
und Frieden senden und dabei beobachten, wie sich alles sofort ent-
spannt. Wir haben die Macht in unseren Gedanken und in unserem
Herzen, um diese Welt grundlegend zu verändern!

Frage: Möchtest du meine Ausführung ergänzen oder korrigieren?

Antwort: Auch hier ist nichts hinzuzufügen.

3. Prinzip: Schwingung

In allem ist Schwingung – jeder Gedanke ist Schwingung, und Schwin-
gungen beeinflussen unser Gefühl oder unsere Emotionen. Töne, Far-
ben, Gerüche, Symbole, Formen, Bewegungen – alles sind Schwingun-
gen. Jeder Gegenstand hat seine Schwingung und übernimmt die
Schwingung seines Erzeugers und des Besitzers. Dies bedeutet, dass die

Schwingung eines Gegenstands, für den eine harmonische Form gewählt und der mit viel Liebe zum Detail und der Absicht, dem künftigen Besitzer möglichst viel Freude zu bereiten, hergestellt wurde, entsprechend hoch ist. In der heutigen automatisierten Welt ist alles auf Massenproduktion abgestimmt – wir stellen Produkte her, die einfach nur ihren Zweck erfüllen und am besten noch viel Geld einbringen sollen. Wir sind tagtäglich von Tausenden solcher nahezu leblosen und lieblosen Produkte umgeben und wundern uns, dass unser unmittelbares Umfeld so wenig Harmonie verströmt. Alles ist zweckorientiert, wobei der Zweck oftmals gar nicht der eigentliche Nutzen des Produkts ist, sondern ganz andere, oft wirtschaftliche Absichten im Vordergrund stehen. Auf die für unser Wohlergehen notwendige Schwingung wird zumeist gar nicht geachtet.

Je höher unser Umfeld schwingt, desto harmonischer, liebevoller und näher am Ausdruck unserer Göttlichkeit leben wir. Musik ist z.B. von größter Bedeutung – je mehr wir uns mit harmonischen Tönen umgeben, umso besser werden wir uns fühlen. Zahlreiche moderne Musikrichtungen hingegen dämpfen unser Schwingungsniveau und beeinträchtigen somit unsere Entwicklung! In unserer heutigen Zeit werden wir bewusst auf einem niedrigen Schwingungsniveau gehalten, um uns in unserer Entwicklung zu hemmen – die Manipulation geht bis in alle Lebensbereiche. Einer davon ist unsere Nahrung – ganz besonders die industrielle Herstellung und der Verzehr von Fleisch tragen zur Dämpfung unseres Schwingungsniveaus bei. Dr. Masaru Emoto hat in seinen Wasserexperimenten sichtbar gemacht, dass Wasserkristalle, je nachdem welcher Schwingung sie ausgesetzt wurden, ihre Form völlig verändern – die mit Abstand schönsten Kristalle entstehen in der Schwingung von Liebe und Dankbarkeit. Unser Körper besteht zu rund 70% aus Wasser – die unmittelbaren Auswirkungen auf unser Wohlbefinden, wenn wir liebevolle Gedanken denken und unsere Arbeit auf das höchste Wohl aller ausrichten, kann sich jeder gut vorstellen.

Das Prinzip der Schwingung soll uns auch verdeutlichen, dass alles lebt – überall ist Leben in Form von Schwingung, auch wenn wir die meisten Schwingungsformen mit unseren Augen nicht sehen können.

Alles lebt, und mit einer liebevollen Hochachtung vor dem Leben sollten wir mit allem, was ist, umgehen. Schwingung ist Leben – alles lebt, selbst der härteste Stein trägt Leben in sich. Jede Pflanze, jedes Tier und jeder Mensch hat seine ganz spezielle, eigene Schwingung. Die Liebe hat die höchste Frequenz und ist die einzige Kraft, die alles durchdringt. Liebe schafft Verständnis und Liebe heilt alles! Liebe ist das grundlegende Gefühl, das in allen Schöpfungen vorkommt. Je kunstvoller und liebevoller die Umgebung gestaltet ist, umso höher schwingt sie. Je liebevoller ein Mensch mit sich selbst umgeht und je liebevoller die Gedankenwelt eines Menschen in Bezug auf sein Umfeld und die gesamte Schöpfung ist, umso höher ist auch seine persönliche Schwingung und umso liebevoller wird auch sein gesamtes Umfeld sein und er wird daher ein umso erfüllteres Leben führen. Liebe alles wie dich selbst und dir wird nur Liebe begegnen (Wirkung in Kombination mit dem Prinzip der Anziehung).

Frage: Möchtest du meine Ausführung ergänzen oder korrigieren?

Antwort: Auch hier ist alles gut, so wie es ist – ich möchte dem nichts hinzufügen.

4. Prinzip: Polarität

Wir alle kennen den Spruch „Jede Medaille hat zwei Seiten" – wir leben in einer dualen Welt, in der es zu allem das entsprechende Gegensätzliche gibt. Wir kennen oben und unten, links und rechts, innen und außen, Tag und Nacht, Licht und Schatten usw. Um sich voll und ganz einer Sache bewusst zu sein, ist die gegensätzliche Erfahrung nötig. Daraus folgt, dass es Täter und Opfer gibt, die wechselseitige Erfahrungen machen. Ist der Täter auf sein Opfer fixiert, wird er durch seine geistige Fixierung selbst zum Opfer. Ein Opfer, das den Täter nicht loslässt, wird aus Rachsucht selbst zum Täter. Das Pendel schlägt gnadenlos zur einen und zur anderen Seite aus; wenn das Prinzip nicht erkannt wird, fällt man laufend von einem Extrem in das andere. In unseren langjäh-rigen, bewaffneten Konflikten wie z.B. Israel contra Palästinenser ist dies gut zu erkennen, aber auch in unserem täglichen Leben begegnet uns dieses Prinzip permanent. Die beiden Pole sind somit nur die bei-den gegensätzlichen Ausprägungen derselben Sache. Immer die gleiche Erfahrung zu machen, ist jedoch wenig sinnvoll. Der Ausweg ist nur über die Mitte zu finden.

Jede Form entsteht aus der Mitte und hat 2 Pole, und nur wer in sei-ner Mitte ist, kann aus dem Prinzip aussteigen – aus der Mitte heraus erfolgt der Schritt in die nächste Entwicklungsstufe. Je höher die Ent-wicklungsstufe, umso weniger stark schlägt das Pendel aus. Interessant ist die Beobachtung beim zuvor genannten Beispiel im Nahen Osten, wo man die Frage: Wer sind die Guten und wer sind die Bösen, nicht klar beantworten kann, da das Pendel einmal in die eine und dann gleich wieder in die andere Richtung ausschlägt. Somit kann die Liebe weder auf der einen noch auf der anderen Seite ihren Ausgangspunkt haben – wie bereits zuvor feststellt, ist die Liebe das grundlegende Ge-fühl, das in allen Schöpfungen vorkommt, und sie hat ihren Ausgangs-punkt in der Mitte zwischen den beiden Polen, dort, wo sich die beiden Pole aufheben. Indem wir uns in diese neutrale Mitte begeben und nach der Liebe suchen, können wir jeden Konflikt in kürzester Zeit beilegen, doch muss zuerst dieses Prinzip verinnerlicht werden. Die Liebe verbin-det beide Pole und hebt diese auf – die Liebe verlangt nichts, die Liebe erwartet nichts, die Liebe ist! Es wird Zeit, dass wir Verantwortung für unser Handeln und für alles in unserem Leben übernehmen! Durch die Kenntnis dieser Prinzipien wird uns dies deutlich erleichtert.

Frage: Möchtest du meine Ausführung ergänzen oder korrigieren?

Antwort: Wenn du von Liebe sprichst, dann musst du auch davon sprechen, dass es Menschen gibt, die genau das Gegenteil davon in ihrem Sinne führen. Alles, was diese Menschen vollbringen, ist letzt-lich genau das Gegenteil dessen, wovon du hier sprichst. Alles, was so passiert, ist nichts anderes als das, was ihr in eurer derzeitigen

Welt laufend erfahrt. Das heißt nichts anderes, als dass ihr die Schöpfer all dessen seid, was derzeit auf der Erde passiert. Ihr seid diejenigen, die alles verursacht haben, weil ihr das Prinzip hier völlig missachtet habt. Ihr habt versprochen, dass ihr in dieser Inkarnation alles bereinigt, was nicht dem Prinzip der Liebe entspricht – ihr habt euch das zum Ziel gesetzt, und jetzt erinnern wir euch daran, dass ihr alles umkehrt, was nicht dem Prinzip der Liebe entspricht. Nehmt diese Aussage ernst, denn es ist euer eigener Auftrag, den ihr euch alle gegeben habt. Das, was jetzt auf dem Plan steht, hat genau damit zu tun, jetzt geht es darum, das Prinzip der Liebe und somit die Aufhebung dieses Prinzips der Polarität zu erlangen, indem ihr aufhört, euch gegenseitig auf das eine oder andere Pendel zu konzentrieren. Hebt alles auf, was damit zu tun hat, und geht aus der Verurteilung heraus und sucht das, was ihr eigentlich hier finden möchtet.

5. Prinzip: Rhythmus

Alles ist ständig in Bewegung – alles, was verharrt, zerbricht! Alles unterliegt einem natürlichen Rhythmus – Einatmen erzeugt Ausatmen und umgekehrt, Aktion bewirkt Reaktion, aktive Phasen wechseln sich mit passiven Phasen ab, auf Tag folgt Nacht, auf Geben folgt Empfangen usw. Über den permanenten Wechselrhythmus entsteht Entwicklung. Aus dem Sein entwickelt sich die Phase des Werdens, um danach wieder zu sein... Alles ist permanent in Bewegung – nichts steht still, und unsere Aufgabe ist es, mit dem Rhythmus zu gehen und uns auf den Fluss des Lebens einzulassen und uns im Sinne unseres Seelenplanes permanent weiterzuentwickeln – uns zu vervollkommnen. Die einzige Konstante in unserem Leben ist die Veränderung – alles verändert sich permanent, und jeder, der mit der Veränderung mitgeht, der gestaltet, und jeder, der an etwas festhält, baut Blockaden auf, an denen er letztlich verzweifelt. Das Ziel ist, anzunehmen, was nicht geändert werden kann – es zu akzeptieren, bedeutet, es loszulassen und damit den Weg für die Weiterentwicklung freizumachen. Unser Leben ist ein ständiger

*Wechsel aus Geben und Empfangen, doch wer aus der Erwartung gibt,
um zu empfangen, der wird enttäuscht werden. Wer von Herzen gibt,
der erwartet nichts! Das Leben kennt nur Weiterentwicklung, und
wenn wir an unsere aktuelle Situation in unserer Gesellschaft denken, so
stellen wir fest, dass mit aller Gewalt an unseren alten Systemen festgehalten wird und der Stau in der Entwicklung bereits so groß geworden
ist, dass alle bereits am Verzweifeln sind und keine Auswege aus dem
Schlamassel unserer scheidenden Welt mehr sehen. Für die Menschheit
wird es Zeit, sich aus der egodominierten Ebene zu verabschieden und
sich der Einheit zuzuwenden, die so vieles nicht mehr braucht, was heute noch unser tägliches Leben bestimmt. Der Druck ist bereits so groß,
dass alles unmittelbar davor steht zu zerbrechen. Unsere Entwicklung
hinkt schon lange weit hinterher, und nachdem so unglaublich lange
nur ganz wenig Entwicklung in der Menschheit geschehen ist, wird nun
ein Quantensprung nötig. Der Aufstieg in die Dimension der Liebe ist
dieser Sprung, der uns aus der alten Welt befreien wird. Verlangt wird
von uns Konzentration und Ausdauer – Konzentration auf unsere Vision einer geeinten Welt unter dem Dach Gottes – und Ausdauer, um von
dieser Vision nicht abzurücken und alles dazu beizutragen, damit diese
Vision sehr bald unsere Realität darstellt.*

*Festhalten lassen uns unsere Ängste! Um uns daraus zu befreien, ist es
wichtig, uns diese bewusst zu machen. Eine gute Methode ist, einen Zettel Papier zur Hand zu nehmen und alle Ängste, die uns in den Sinn
kommen, aufzuschreiben. Dadurch passiert bereits sehr viel Positives,
denn die Ängste werden dadurch in den Rahmen des Blattes verbannt
und wir können sie einzeln genauer betrachten und heilen. Heilung erfolgt durch bewusstes Hinterfragen, was uns die Angst sagen möchte.
Durch ihr Annehmen in Dankbarkeit und durch die Kraft des Lichtes
aus unserem Herzen können unsere Ängste schnell geheilt werden.*

Frage: Möchtest du meine Ausführung ergänzen oder korrigieren?

Antwort: Es ist so, dass ihr alle zwar in der Lage seid, euch auf das zu
konzentrieren, was hier geschrieben steht, doch solltet ihr auch einmal

zulassen, dass es etwas gibt, was ihr eure Intuition nennt. Nehmt euch alle zur rechten Zeit die Zeit, um euch zurückzuziehen und euch zu fragen, was genau ihr denn eigentlich hier auf der Erde vollbringen möchtet, warum ihr eben jetzt hierhergekommen seid, dann werdet ihr etwas herausfinden. Ihr werdet herausfinden, dass ihr gekommen seid, weil es an der Zeit ist, dieses Spiel auf der Erde ein für allemal zu beenden. Das ist das große Ziel dieser Inkarnation. Das, was ihr derzeit vorfindet, ist nichts anderes als ein ganz großes Chaos, in welchem die große Veränderung der Welt stattfinden kann. Denn nur dann, wenn an allen Ecken und Enden alles im Chaos versinkt, kann das Neue entstehen. Nehmt die Chance wahr, das Chaos dafür zu nutzen, dass ihr der Liebe ihren Weg in die Herzen aller Menschen ermöglicht. Das, was ihr Chaos nennt, ist nichts anderes als das Aufhören des Funktionierens einer Maschinerie, die immer das Gegenteil dessen beabsichtigt hat, was ihr euch für dieses Leben als Ziel vorgenommen habt. Nehmt dies als Zeichen, dass die Zeit für die Liebe gekommen ist, und wenn dann die Liebe ihren Einzug gehalten hat, dann wird das Chaos nicht mehr als ein Unglück wahrgenommen werden, sondern ihr werdet es mit großer Freude begrüßen, denn es bringt die Reinigung für alles, was auf der Erde nicht im Sinne der Liebe geschieht.

6. Prinzip: Ursache und Wirkung (Karma)

Wie man in den Wald hineinruft, so schallt es zurück. Im Gegensatz zu unserer Gewohnheit, alles zu verurteilen und überall einen Schuldigen zu suchen, müssen wir anerkennen, dass es keine Schuld gibt! Wir erleben lediglich die Auswirkungen unserer Gedanken und Handlungen. Unter dem Motto „Alles kommt zurück" ist es nur eine Frage der Zeit, bis wir das Resultat der von uns gesetzten Ursachen zu spüren bekommen. Der Zeitrahmen kann sehr kurz sein, es können aber auch viele Leben in der Zwischenzeit vergehen. Das Prinzip unterliegt derzeit wie so vieles einer enormen Beschleunigung und alles, was wir verursachen, kommt enorm schnell auf uns zurück, damit wir erkennen. Indem wir anerkennen, dass alles, was uns widerfährt, von uns selbst verursacht wurde, können wir auch erkennen, dass durch das Erleben der Wirkung einer früheren Handlung der geistige Prozess abgeschlossen wird. Durch das Anerkennen, dass wir selbst die Ursache für alles sind, können wir das Ereignis annehmen und nicht wieder dagegen kämpfen und aus dem Prinzip aussteigen. Wer dagegen ankämpft, verstrickt sich erneut in diesen Kreislauf. Die Devise ist Heilung, indem wir das Ereignis als das Ende des Zyklus anerkennen. Bei Gewalterfahrungen als Opfer können wir davon ausgehen, dass die Ursache in der Vergangenheit zu finden ist, und somit stehen wir vor der Herausforderung, uns mit dem Täter zu versöhnen – ihm zu vergeben. Ziel ist, das innere Gleichgewicht wiederzufinden. Wenn es uns gelingt, Ängste, Wut und Gedanken der Rache zu besiegen, dann endet die Spirale. Andernfalls bleiben Opfer und Täter miteinander verbunden und die Erfahrung geht wechselseitig weiter.

In unserer heutigen Gesellschaft sind die Gefängnisse überfüllt von Tätern, die überführt und nach den Gesetzen der Menschen bestraft werden. Wenn man die Hintergründe des Prinzips von Ursache und Wirkung beherzigen würde, so würde man die Gesamtsituation zwischen Opfer und Täter genauer betrachten und dafür sorgen, dass die beiden nach entsprechender Aufklärung und Vorbereitung mit ihrer karmischen Verstrickung konfrontiert werden, um durch beiderseitige Vergebung beide für immer aus dieser Spirale zu befreien. Ein Strafvollzug wäre dann überflüssig.

Durch die Wiedergeburt erstrebt die Seele die Befreiung aus negativen Zuständen. Um Karma zu lösen, muss man das Doppelte geben/leisten, um eine negative Tat auszugleichen und eine neutrale Seelenbilanz zu erhalten. Wir selbst haben es so gewählt, und daher ist es wichtig, alles anzunehmen und zu heilen. In dieser sehr intensiven Zeit vor dem Aufstieg sind wir alle damit beschäftigt, unsere karmischen Verstrickungen zu lösen. Alle Altlasten müssen zurückgelassen werden, denn in der neuen Zeit ist die Lösung karmischer Verstrickungen nicht mehr möglich. Zumeist geschieht dies unbewusst, und nicht selten verstricken wir *uns aus Unkenntnis dieses Prinzips erneut, anstatt bewusst darauf zu achten und alle Verbindungen zu heilen. Wer dieses Prinzip beherzigt und danach handelt, wird für den Aufstieg gut gerüstet sein!*

Frage: Möchtest du meine Ausführung ergänzen oder korrigieren?

Antwort: Wenn das Leben auf der Erde diesen Wandel absolviert hat, dann wird es nicht mehr notwendig sein, sich mit karmischen Verhaltensmustern auseinanderzusetzen. Niemand hat jemals wieder Interesse, dem Anderen etwas anzutun, das ihn belasten könnte. Daher wird es dieses Prinzips nicht mehr bedürfen.

7. Prinzip: Geschlechtlichkeit

Jeder Schöpfungsakt vollzieht sich durch die ausgeglichene Vereinigung des männlichen mit dem weiblichen Prinzip. Wir sind aufgefordert, unsere weibliche, intuitive Seite und unsere männliche, verstandesbetonte Seite miteinander in Einklang zu bringen. Unsere rechte Gehirnhälfte beheimatet unsere Gefühle (weiblich) – sie ist unsere intuitive Anbindung an die geistige Ebene – unser hohes Selbst, von wo wir Inspiration erfahren, sofern wir es zulassen. Die linke Gehirnhälfte ist der Sitz des rationalen (männlichen) Denkens, über die wir unsere Realität materiell formen. Die in der rechten Gehirnhälfte gespeicherten Gefühle und Emotionen können nur mit der bewussten Macht des Geistes in der linken Gehirnhälfte gesteuert werden. Leider unterdrücken wir Menschen häufig unsere weibliche, intuitive, gefühlsbetonte Seite und leben daher viel zu sehr verstandesorientiert und versuchen, alles zu erklären und wissenschaftlich zu belegen, anstatt auf unser Gefühl zu vertrauen. Intuitive Gefühle brauchen keine Beweise – sie sind einfach nur. Nachdem sie in höheren Ebenen ihren Ursprung haben, sind sie zuverlässiger als der fehlbare Verstand, der nur auf seinen unvollständigen bisherigen Erfahrungen fußt.

Frage: Ist die nachfolgend beschriebene Technik zielführend? „Wir alle haben somit einen inneren Mann und eine innere Frau, deren Betonung im Idealfall völlig ausgeglichen ist. Bei sehr vielen Menschen herrscht hier ein deutliches Ungleichgewicht, das sich in unseren partnerschaftlichen Beziehungen offenkundig zeigt. Nach dem Prinzip der Anziehung haben wir jeweils den Partner bzw. die Partnerin an unserer Seite, der/die genau dieses Ungleichgewicht in uns widerspiegelt. Erst einmal erkannt, lässt sich der jeweilige schwächere Teil in uns leicht stärken, indem man diesem mehr Aufmerksamkeit schenkt und einen inneren Befehl, diesen zu stärken, erteilt. Sowie diese Stärkung über mehrere Wochen immer wieder durchgeführt wurde, kann durch den gleichen inneren Befehl die Harmonisierung der inneren Weiblichkeit mit der inneren Männlichkeit durchgeführt werden.“

Antwort: Euer Leben ist grundsätzlich auf Liebe aufgebaut, und die Liebe ist nichts anderes als die Vereinigung von Gott mit allem, was ist! Ein Leben auf der Erde, ohne die göttliche Vereinigung zu erfahren, ist nicht wirklich vorstellbar, denn alles, was ihr auf der Erde braucht, ist genau das – ihr braucht den Weg zurück zu eurer Einheit. Euer Leben wird bald eine grundlegende Veränderung erfahren, indem ihr alles, was derzeit noch im Ungleichgewicht ist, ausgleichen könnt. Alle Ungereimtheiten, die auf der Erde vorherrschen, sind bald auf einen Level angehoben, der alles ausgleicht, was derzeit unausgeglichen ist. Eure Technik hier ist nicht die richtige, um alles auszugleichen, was auf der Erde im Unreinen ist, aber das innere Gleichgewicht ist dadurch schnell besser als zuvor. Ihr solltet euch darauf besinnen, dass ihr alle eine weibliche Seite habt, und diese sollte in den Vordergrund treten, denn das weibliche Prinzip ist die Heilung für das männliche. Dein Leben ist auf die Welle der Einheit bereits ausgerichtet – du bist bereits soweit, dass du dich mit diesen Prinzipien auseinandergesetzt und verstanden hast, was es bedeutet, in diesem Leben auf die Einheit gepolt zu sein. Das Leben vieler anderer Menschen ist dies jedoch noch nicht – das Leben auszurichten, ist natürlich auch die große Aufgabe für die meisten

Menschen, die jetzt hier sind. Ihr seid auf der Erde, um das auszugleichen, was die Menschen so lange nicht geschafft haben, und dies könnt ihr alle erreichen, wenn ihr zusammen daran arbeitet. Arbeite intensiv, denn es braucht diesen Ausgleich, damit die Menschen den Wandel so einfach wie nur möglich erleben können. Diese Zusammenarbeit basiert darauf, dass ihr die Informationen, die euch zur Verfügung stehen, allen Menschen zur Verfügung stellt. Helft allen, die ihr kennt, damit sie alles erfahren dürfen, worum es in ihrem Leben wirklich geht. Helft zusammen, denn das einheitliche Arbeiten ist der Schlüssel zur Erfüllung eures Planes der vollkommenen Erde.

Frage: Um einen schöpferischen Akt zu vollziehen, ist der Gedanke (männlich) – die klare Vorstellung dessen, was man erschaffen möchte – die eine wichtige Grundlage, aber das Gefühl (weiblich), das man hat, wenn der angestrebte Umstand eingetreten ist, vervollständigt erst als die zweite Grundlage den schöpferischen Akt. Doch wahrlich vollkommen ist die neue Schöpfung erst, wenn die aus der Mitte der beiden Pole entspringende Liebe das grundlegende Gefühl ist. Nachdem wir unsere Lebensumstände tagtäglich neu erschaffen und uns diese oftmals nicht gefallen, müssen wir uns der Frage stellen, welche Komponenten unserer Schöpfung einer Neuausrichtung bedürfen.

Antwort: Die Welt ist nicht nur auf diesem Prinzip alleine aufgebaut, denn es hat auch andere Erschaffungen gegeben, die diesem Prinzip nicht entsprechen, denn nicht alles, was das Spiel auf der Erde erst ermöglicht hat, ist davon ausgegangen, dass alles diesem Prinzip entsprechen muss. Hier gab es durchaus andere Entsprechungen, die dazu geführt haben, dass Möglichkeiten entstanden sind, die im Urzustand der Erde nicht möglich gewesen wären. Die Erde ist in vielen Bereichen von verschiedensten Aspekten beeinflusst worden, die nicht der Liebe entsprechen – ihr habt hier ein Leben vorgefunden, dessen Ursprung nicht ausschließlich nur auf der Liebe aufbaut, denn bei vielem, was euer Leben hier auf der Erde zeigt, ist nicht viel von Liebe zu erkennen. Eine Welt braucht allerdings letztlich diesen Grundgedanken – denn alles, was nicht auf der Liebe aufbaut, hat auf Dauer keinen Bestand. Also arbeitet mit an der Veränderung dieser Welt hin zu einer liebevollen Welt – alles braucht seine Zeit, doch davon hattet ihr schon reichlich – jetzt ist es an der Zeit, die Veränderungen ganz massiv voranzutreiben – ihr seid gefordert, alles zu unternehmen, was der neuen Zeit entspricht, denn nur die Liebe kann mit in die neue Zeit gehen – alles andere bleibt zurück!

Frage: Ist es sinnvoll, die innere Frau und den inneren Mann miteinander zu verschmelzen?

Antwort: Es ist richtig, dass die Verschmelzung der beiden Pole das große Ziel ist, und wenn ihr dieses Bewusstsein erlangt habt, dann könnt ihr euch daran machen, die Pole miteinander zu verschmelzen. Alles, was dann zu sehen ist, ist die große Einheit – die göttliche Einheit, die dann verschmolzen wurde zu einer großen Einheit in euch selbst. Ihr seid dann diese Einheit und als göttliche Einheit tretet ihr in euer Leben und jedermann wird es erkennen können.

Eine neue Welt beginnt

Eure neue Welt beginnt mit einem großen Paukenschlag! Ihr startet durch in diese Welt, und bereits am nächsten Tag, nachdem ihr diese betreten habt, ist eure alte Welt Geschichte. Das, was ihr derzeit in eurer Welt noch erlebt, ist von diesem Zeitpunkt an völlig vergessen, denn niemand will sich in Wahrheit mehr an all die alten Errungenschaften erinnern, denn es war ein Kapitel der Menschheit, das sehr dunkel war und das jetzt abgelöst wurde durch eine neue Ära, in der der Mensch seine wahre Aufgabe annimmt. Diese Welt trachtet danach, alles, was auf der Erde jemals im Argen lag, zu heilen – alles braucht jetzt Heilung und davon ist reichlich da. Das neue Leben, das ihr alle begonnen habt, ist von vielen Neuigkeiten gekennzeichnet, denn das alte Leben hatte so viele Einschränkungen in allen möglichen Bereichen, dass ihr jetzt im ersten Moment völlig überrascht sein werdet, was alles möglich geworden ist. Ihr seid auf dem Weg in ein Zeitalter, in dem die Menschen alles erschaffen, was ihnen in den Sinn kommt. Alles wird möglich gemacht, da die schöpferischen Fähigkeiten sofort zur Verfügung stehen, auch wenn dies am Anfang ziemlich ungewohnt sein wird. Das neue Leben beginnt deshalb mit einem Paukenschlag, weil ihr auf Anhieb plötzlich vor den Problemen der alten Welt steht, aber mit völlig neuen Möglichkeiten ausgestattet seid, diese aus der Welt zu schaffen. Alles kann ganz schnell verändert werden, da ihr das Leben völlig neu seht. Ihr erkennt, dass alles, was jemals erschaffen wurde, aus den Gedanken der alten Welt entstanden ist – und plötzlich gibt es diese alten Gedanken nicht mehr. Wenn es denn dann soweit gekommen ist, dass ihr verstanden habt, wie man ganz gezielt eine Schöpfung vollbringt, dann geht es umso schneller, denn dafür sind auch wir angetreten, um euch dabei behilflich zu sein. Ihr seid dann sofort in der Lage, eure Mitmenschen dazu aufzurufen, mit euch gemeinsam an die Lösung der gegenwärtigen Probleme zu gehen. Die neue Welt wartet auf euren Impuls als Schöpfer. Euer Schöpfertum ist so gigantisch, dass wir alle Respekt vor dem haben, was euch dann zur Verfügung steht. Ihr seid so mächtig, dass wir alle voller Ehrfurcht vor dem Potenzial, das in euch allen steckt, sehr behutsam darauf bedacht sind, euch mit den nötigen Informationen nur stückchenweise zu versorgen. Das neue Leben kann daher gar nicht im Chaos enden, wenn ihr alle zusammenwirkt und so schnell wie möglich alles erschafft, was ihr haben möchtet. Seid kreativ und wirkt mit all eurem Potenzial an Kreativität, denn das ist das Wichtigste, was ihr entdecken müsst. Euer Potenzial liegt noch völlig brach, da ihr derzeit keine Ahnung davon habt, was alles möglich ist, wenn ihr euch einig seid. Seid geeint und dann seid ihr die mächtigste Kraft im Universum. Euer Leben wird sich rasch nach diesem Potenzial ausrichten, und wir werden intensiv an eurer Seite stehen, um euch in allem anzuleiten, was ihr erst erfahren müsst. Wir wissen um euer Potenzial, und daher sind wir so sehr darauf bedacht, euch behutsam damit Umgang zu verschaffen. Das Neue, das in euer Leben treten wird, ist etwas ganz Großartiges, denn es lässt euch etwas überwinden, das euch auf der Erde bislang große Schwierigkeiten bereitet hat. Das ist es, was euer Leben so richtig mit Freude erfüllen wird, denn die Schwerkraft zu überwinden, ohne ein Fluggerät zu gebrauchen, ist das Höchste für einen Menschen, der bislang so sehr an die Erde gebunden war. Ihr könnt dann alle zusammen sehr schnell begreifen, dass diese Welt nicht mehr aus Autos und sonstigen Verkehrsmitteln bestehen muss, sondern dann völlig ohne Straßen und sonstige Verkehrslinien auskommen kann. Das Leben wartet auf euch, und die Freude über die neu gewonnene Unabhängigkeit von all den alten Dingen, die diese alte Welt hervorgebracht hat, ist das schönste Geschenk, das auf euch wartet. Seid gewiss, dass euch die grenzenlose Freiheit vorgegeben ist. Ihr seid dann wirklich grenzenlos und könnt euch überall hinbegeben, wohin immer ihr wollt, ohne eine technische Hilfe in Anspruch nehmen zu müssen. Ihr seid befreit von der Schwerkraft – mit allem, was euch in den Sinn kommt, könnt ihr euch über diese Schwerkraft hinwegbewegen. Das, was auf euch wartet, ist letztlich mit Worten nicht zu beschreiben, denn die Freiheit, euch überall hinbewegen zu können, ohne euch Gedanken zu machen, wie und wie lange es dauern wird, das ist das Beste an der Grenzenlosigkeit eines Schöpfers auf Erden.

Frage: Wir haben zuvor über die kosmischen Gesetze gesprochen und zum Abschluss das schöpferische Grundprinzip dargestellt. Wenn wir uns daran halten, ist dann tatsächlich binnen Sekunden wirklich alles zu erschaffen, was wir haben möchten oder für unser Leben brauchen?

Antwort: Das, was ihr könnt, ist so großartig, dass es euch selbst, wie du mit deiner Frage zu erkennen gibst, nicht wirklich vorstellbar ist. Sei aber versichert, dass wirklich alles in dem Moment, wo du es haben möchtest, da sein wird.

Frage: Bereits in einem früheren Kapitel hast du davon gesprochen, dass wir in eine Welt gehen, die völlig ohne Zufall sein wird, worin nur das existiert, was wir erschaffen haben. Ich habe mich mit dieser Aussage etwas länger beschäftigt und stelle mir diese neue Welt in etwa so vor, dass wir letztlich zwar den Istzustand der alten Welt mitnehmen, aber nur, um ihn zu bereinigen, und uns zugleich auf den Sollzustand der neuen Welt konzentrieren, um alles zu erschaffen, was wir haben möchten, und alles zu beseitigen, was nicht mehr gewollt ist. Wir stehen quasi vor einem völlig unbeschriebenen weißen Blatt Papier, auf dem wir unsere neue Welt skizzieren müssen, da dieses Blatt sonst völlig leer bleibt, weil niemand mehr für uns die schöpferische Arbeit übernimmt. Ich gehe davon aus, dass ihr, unsere geistigen Führer, bisher vieles für uns geschaffen habt, um uns die verschiedensten Erfahrungen, die wir bestellt haben, zu ermöglichen. Dieser Aspekt fällt jetzt weg, denn wir sind in unserer vollen Schöpfermacht angekommen und haben die Verantwortung für unsere Schöpfung selbst zu tragen. Sehe ich dies richtig so, oder habe ich da etwas Wichtiges übersehen oder falsch verstanden?

Antwort: Die Welt, in die ihr eintaucht, ist genau so, wie du sie beschrieben hast. Es ist eine Welt, die zwar eine Ausgangsposition hat, aber keine klare Vorgabe besitzt, wohin sie sich entwickeln soll. Ihr habt die feie Wahl und niemand wird euch darin beeinflussen. Seid versichert, dass wir euch unterstützen und euch vielleicht darauf hinweisen, wenn etwas nicht im Sinne des großen Ganzen erschaffen werden sollte. Das ist aber schon der einzige Hinweis, den ihr bekommen werdet.

Frage: Ist dies der Grund, warum ihr uns immer wieder sagt, dass die Erde unsere Kreativität braucht und wir jetzt schon so sehr aufgefordert werden, unsere Kreativität zu benutzen, um uns eine Vorstellung von der neuen Welt zu machen – sie im Geiste bereits zu kreieren, damit sie dann so schnell wie möglich unsere Realität werden kann?

Antwort: Eure Kreativität ist letztlich der Schlüssel zu der Erschaffung der neuen Welt – wir haben keine Vorstellung davon, wie wir euch helfen sollen, wenn ihr uns nicht im Geiste eine Vorgabe gebt, damit wir die neue Welt mit euch gemeinsam erschaffen können. Wir arbeiten bereits jetzt intensiv daran, doch müsst ihr uns helfen, denn sonst können wir für euch nichts vorbereiten. Diese Welt erschaffen wir mit euch gemeinsam – derzeit sind wir noch am Vorbereiten, und wir brauchen euch dafür, sonst wird das alles nicht so werden, wie ihr es haben möchtet. Gebt uns eure Gedanken darüber, und wir machen das für euch, um den Grundstein der neuen Zeit zu legen.

Frage: Unsere schöpferische Kraft ist also derzeit noch limitiert und durch unsere vorbereitenden Gedanken an die neue Welt erschafft ihr sie für uns, damit uns der Start in diese neue Welt erleichtert wird. Seit ich das Buch „Die Gesellschaft 2015" schreiben durfte, war in diesem und in allen Folgewerken immer wieder die Aufforderung an uns enthalten, uns in Gruppen zusammenzufinden und diese neue Welt gemeinsam in Gedanken zu erschaffen. Aus heutiger Sicht haben die Menschen viel zu viel Angst, sich zu outen und ihrem Umfeld gegenüber offen zu sein und eine Diskussionsrunde zu beginnen. Es wird Zeit, dass etwas passiert, damit die Menschen beginnen, umzudenken und zu erkennen, dass es jetzt mit dem Wandel in die neue Welt wirklich ernst ist. Wird dies denn nun auch für alle erkennbar werden?

Antwort: Das, was ihr den Wandel nennt, wird allen Menschen schon sehr bald völlig klar sein – alle werden erkennen, dass es jetzt darum geht, in die neue Zeit zu blicken, denn das Alte weicht, und indem sich die neuen Möglichkeiten immer mehr zu zeigen beginnen, wird es euch ein Leichtes sein, euch gedanklich in die neue Zeit zu versetzen und auch anzuerkennen, dass es jetzt wirklich in diese neue Zeit hineingeht. Seid versichert, dass kein Mensch mehr zweifeln wird, dass die Zeit jetzt gekommen ist, wenn der Zeitpunkt für das Erscheinen dieses Buches gekommen ist.

Frage: Die Schwerkraft zu überwinden, bedeutet, fliegen zu können und frei zu sein wie ein Vogel! Das ist wohl das Höchste für uns, denn seit Menschengedenken versuchen wir es den Vögeln gleichzutun und durch die Lüfte zu schweben. Ich fliege soeben in Gedanken über Wiesen und Felder und betrachte die Erde aus der Perspektive, aus der sie am schönsten ist – von oben! Grandios – wie geht das, was muss ich tun, um abzuheben?

Antwort: Es wird für euch ein Leichtes, die Schwerkraft zu überwinden, denn das Leben in der neuen Zeit hat etwas völlig Neues, das ihr bislang so nicht wirklich gekannt habt. Das Leben in einem Körper, der an die Schwerkraft gebunden ist, ist sicherlich viel schwieriger als ein Leben, das alle Freiheiten, auch die von der Ortsabhängigkeit, beinhaltet. Es wird so sein, dass jeder Einzelne genau das erfährt, was nötig ist, um diesen Punkt zu überwinden. Ihr habt dann sozusagen eine klare Anleitung bei der Erschaffung eures eigenen Fluggeräts, das man aus dem Lichtkörper, der euch umgibt, gewinnen kann. Es ist etwas kompliziert, weil sich einfach mit den Worten, die ihr bisher gebraucht habt, nicht erklären lässt, was genau da für Prozesse ablaufen. Es gibt dafür keine einfache Erklärung, denn darin enthalten sind Codes, die ihr jetzt noch nicht verstehen könnt. Ihr habt derzeit noch Probleme damit, daher ist es euch noch nicht möglich, das Fluggerät zu benutzen. Eure Codes bekommt ihr dann, wenn euer Lichtkörper voll und ganz entwickelt ist. Dieser Prozess ist derzeit im Gange, und ihr könnt es kaum erwarten, dieses Fluggerät zu benutzen, seit ihr diese Nachricht gelesen habt. Seid versichert, dass es bald soweit sein wird und ihr eure Freiheit in vollen Zügen genießen könnt.

Die Welt öffnet sich

Das Leben auf der Erde hat dann eine völlig neue Dimension erreicht, in der es vieles von dem, was es zuvor noch gegeben hat, einfach nicht mehr gibt. Alles, was nicht der Dimension der Liebe entspricht, hat sich verabschiedet. Zurück bleibt eine feine Auslese all jener Energien, die sich dafür geöffnet haben, der Erde ihren Liebesdienst zu erweisen. Das Leben hat sich grundlegend verändert, denn die Energien, die dageblieben sind, haben sich zusammengeschlossen, um eine Einheit zu bilden und um in dieser Form der Erde zu dienen. Das neue Leben hat Formen hervorgebracht, die den Menschen bislang nicht zugänglich waren, da sie in ihrem bisherigen Dasein kaum Kenntnis davon hatten, was alles möglich ist, wenn das Leben diesen Weg der Einheit geht. Das neue Leben auf der Erde entspricht einer phantastischen Vision von einem Leben im Paradies, das der Mensch selbst erschaffen hat. Das neue Leben entspricht euren kühnsten Träumen, die ihr jemals gewagt habt zu träumen, denn alles, was jemals nur im Ansatz vorstellbar war, wird möglich sein. Wenn die Menschen diese Einheit verstanden haben, dann werden sie sich das Leben so schön gestalten, dass kaum jemand auf die Idee kommt, sich auf eine Sache zu konzentrieren, die nicht im Sinne des höchsten Wohles dieser Einheit ist. Es wird wichtig sein, dass sich die Menschen auf etwas einlassen, was ihr „Vertrauen in alles, was ist" nennt – seid versichert, dass alles, was euch begegnet, nur dazu da ist, um euch zu dienen. Das Leben hat alle Komponenten abgelegt, die euch früher hätten schaden können – heute ist alles gut, so wie es ist, und nichts ist jemals wieder daran interessiert, euch Schöpfergöttern zu schaden. Alles dient nurmehr der Einheit, und nichts ist da, um euch etwas anzutun. Das neue

Leben kann sich von nun an in allen euren Lebensbereichen voll und ganz etablieren. Es hat sich so sehr verändert, dass ihr natürlich etwas Zeit brauchen werdet, um alle Bereiche eurer Gesellschaft zu durchforsten und dabei nichts zu vergessen, das vielleicht noch nicht im Sinne der Einheit gelebt wird. Seid versichert, dass euch alles auffallen wird, was nicht sofort dazu passt. Wann genau ihr das alles vollbracht haben werdet, ist ungewiss, da es zu viele Bereiche in eurem Leben geben wird, die der Arbeit von euch allen bedürfen. Seid versichert, dass auch hier alles zur Verfügung steht, was ihr braucht, um die Arbeiten durchführen zu können, die notwendig sind, um die Heilung dorthin zu bringen, wo sie erforderlich ist. Dort, wo ihr alle zusammenwirkt, wird sich sehr bald genau dieses Paradies einfinden, denn nichts bleibt unangetastet, was nicht der Einheit als Grundlage ihres Seins entspricht. Es ist so, dass ihr zwar viel zu tun haben werdet, um alles zu erledigen, damit das Paradies vollkommen ist, doch bleibt auch von Anfang an viel Zeit, um euch selbst auf die neue Zeit einzustimmen. Ihr habt alle die besten Voraussetzungen mitbekommen, um ein Leben zu führen, das in allen Bereichen voll und ganz mit Freude und Liebe erfüllt ist. Dann, wenn ihr es vollbracht habt, die Einheit so zu schließen, dass es keinen Zweifel mehr daran gibt, dass ihr alle Schöpfergötter seid, die zusammenwirken können, um die ganze Welt zu verändern, dann könnt ihr es kaum mehr erwarten, euren großen Auftrag der Reihe nach anzunehmen, denn das Erschaffen von Leben ist natürlich für die Menschheit das Größte überhaupt. Es wird so sein, dass ihr dann alle zusammen die Herausforderung erkennt, was es bedeutet, ein Schöpfergott zu sein. Dies wird die größte Herausforderung für euer Vertrauen in eure Fähigkeiten. Das neue Leben als Schöpfer wird euch viel abverlangen, doch es wird euch auch noch mehr zurückgeben, als ihr eben leistet. Ihr werdet von allem, was ihr erschafft, so viel Liebe empfangen, weil alles ausschließlich dem Einheitsgedanken als Grundlage der Liebe entspricht.

Das neue Leben beginnt, seine wahre Bestimmung zu erlangen. Ihr wart alle so lange in der Vergessenheit, dass ihr so viel nicht erfahren

konntet, was auf der Erde schon seit Jahrtausenden existieren könnte, wenn ihr diese Dunkelheit nicht in diesem Ausmaß erlebt hättet.
Das neue Leben kann von nun an alles erschaffen, was sein soll. Ihr
habt wirklich alle Freiheiten, das zu erschaffen, was euch in den Sinn
kommt. Ihr seid erfahren als Schöpfer, denn das wart ihr ja immer
schon, und nun kommt euch die Erfahrung, die ihr in der Dunkelheit gesammelt habt, zugute, denn nichts soll erschaffen werden, das
jemals wieder in Gefahr geraten könnte, diese Dunkelheit erneut zu
erschaffen. Dann, wenn ihr das alles verstanden und erkannt habt,
wer ihr wirklich seid, dann stehen alle Tore des Universums für euch
offen. Die Tore, die ihr dann durchschreiten könnt, bringen euch in
alle möglichen Welten, in denen ihr alles weitere lernen könnt, was
euch vielleiht da und dort noch von Interesse erscheint, denn so vieles gibt es zu entdecken, was auf der Erde erschaffen werden könnte.

*Frage: Die Energien, die dageblieben sind, sind nach meinem Verständ-
nis die Menschen, die den Aufstieg mitgemacht haben. Seit ich mich
mit der Materie beschäftige, habe ich durch die verschiedensten Situationen, Bücher, Begegnungen u.v.m. erfühlen dürfen, was es bedeutet,
wenn sich sein Herz immer weiter öffnet. Manchmal überwältigt mich
das Gefühl bereits, das ich jetzt fühlen kann, was mir früher nicht möglich war. Ich bin sehr dankbar dafür – die Schwierigkeit in meiner Vorstellung ist allerdings die, dass es so unglaublich viele Menschen gibt, die
diesen Prozess der Herzöffnung nicht einmal im Ansatz begonnen haben. Was wird passieren, damit die Menschen diesen Prozess in der wenigen verbleibenden Zeit im Eiltempo durchlaufen, und was passiert
mit denen, die dies nicht schaffen?*

Antwort: Das Leben aller Menschen wird sich in den nächsten Monaten ganz gravierend verändern. Ihr werdet erkennen, dass die Welt
eine ganz andere geworden ist, auch wenn der Aufstieg noch nicht
absolviert wurde. Die Welt verändert ihr Aussehen, und das ist für
alle Menschen sichtbar. Ihr erkennt, dass etwas ganz Großes im
Gange ist, auch wenn euch die Auswirkungen an manchen Stellen

der Erde doch etwas zu intensiv vorkommen. Diese Erde durchläuft bereits jetzt ein intensives Programm, wo alle Energien, die nicht auf der Erde bleiben können, von der Erde entfernt werden. Das, was du als einen Prozess der Herzöffnung bezeichnest, ist das Wichtigste, was alle Menschen durchlaufen müssen, um den Aufstieg schaffen zu können. Alle Menschen, die diesen Prozess nicht verstanden haben, werden noch eine Gelegenheit bekommen, um diesen Prozess in sich auszulösen. Alle, die das nicht möchten, werden ihren Weg finden, um die Erde entsprechend zu verlassen. All jene, die gerne bleiben möchten, haben natürlich andere Gelegenheiten zur Verfügung, um sich in dieser Welt neu einzurichten, doch müssen sie zuerst die Gelegenheiten ergreifen, um diese Welt überhaupt betreten zu können.

Frage: Welche Gelegenheiten sind das?

Antwort: Ihr werdet erkennen können, dass euch zahlreiche Menschen in den nächsten Monaten verlassen. Das, was ihr ebenso erfahren werdet, ist, dass Menschen in einen für euch durchaus erkennbaren Prozess gelangen, der sie nicht sofort in die Herzöffnung bringt, sondern ihnen klar und deutlich aufzeigt, dass ihr Leben, das sie im Augenblick führen, so auf Dauer nicht bleiben kann. Sie werden in diesem Prozess so intensiv mit allem konfrontiert, was in ihnen ist, was entsprechend geändert werden sollte, um den Aufstieg in dieser Form mitmachen zu können. Sie alle werden diesen Prozess ganz intensiv erleben und es wird vielen sehr viel abverlangen, da die Energien, die auf sie einwirken, sehr intensiv sein werden. Das, was ihr so gerne hättet, dass sich alle sofort nur noch nach dem Herzen orientieren, das wird noch etwas auf sich warten lassen. Das, was ihr euch so sehr wünscht, wird erst eintreten, wenn der Aufstieg absolviert ist und jene, die diesen Prozess aktiv durchlaufen haben, auch mit euch gemeinsam den Weg gegangen sind. Das Leben wird sich dann allerdings wirklich für alle Menschen schlagartig verändern, da die Energien vollständig bereinigt wurden, die derzeit noch den Weg des Herzens in so vielen Bereichen eures Lebens behindern. Das, was ihr dann vorfindet, ist das Paradies auf Erden, das ihr zusammen begehen und gestalten werdet.

Frage: Das Misstrauen unter den Menschen ist sehr groß – wir haben gelernt, dass man am besten nur auf sich selbst vertraut, dann kann man nicht enttäuscht werden. Die Umstellung auf unser neues Leben wird möglicherweise nicht so leicht werden, da die Erlebnisse und Prägungen der Vergangenheit schwer wiegen. Wie lange werden wir brauchen, bis wir diese schöpferische Einheit verstanden haben und sich das Vertrauen in alles, was ist, gefestigt hat?

Antwort: Das, was ihr Vertrauen nennt, ist etwas ganz anderes als das, was wir als Vertrauen bezeichnen. Das, was ihr Vertrauen nennt, ist nach unserem Verständnis in seiner Ausprägung weit schwächer als das Vertrauen, das ihr in die Göttlichkeit von allem haben könnt. Dieses Gefühl des Vertrauens wird euch so sehr begeistern, dass ihr kaum ein Problem haben werdet, euch darauf einzulassen. Euer Vertrauen wird sich ganz schnell einfinden, denn sobald ihr verstanden habt, dass jetzt der Aufstieg „passiert" ist, habt ihr alles zur Verfügung, was ihr euch wünscht. Und sofort sind alle da, um euch bei den Aufgaben behilflich zu sein, denn dann erkennt ihr gleich, dass alles, was gesagt wurde, auch tatsächlich so zur Realität geworden ist. Ihr seid dann völlig frei, euch auf das Vertrauen ganz tief einzulassen, denn schon nach wenigen Erlebnissen erkennt ihr, wie intensiv die Begleitung ist und was euch allen zuteil geworden ist, damit das Leben auf der Erde seine wahre Form annehmen kann.

Frage: Was geschieht mit denen, die nach dem Aufstieg, aus welchem Grund auch immer, doch auf die Idee kommen, etwas zu bewerkstelligen, das nicht dem Prinzip der Liebe und der Einheit entspricht?

Antwort: Euer Leben bietet dann eigentlich gar keinen Grund mehr, sich an einem anderen in irgendeiner Art und Weise zu vergehen.

Nichts ist mehr vorhanden, das euch darauf bringen könnte, denn es gibt nichts, was der Mensch nicht haben könnte. Das, was euch allen auffallen wird, ist, dass die Menschen ihr Leben binnen Minuten neu erschaffen, denn ab dann ist alles völlig neu. Ihr erkennt, dass die Menschen ihr altes Leben abstreifen und alles, was früher war, hinter sich lassen. Nichts bleibt so, wie es war, und alles wird neu. Das neue Leben bietet niemandem mehr einen Grund, etwas nicht entsprechend dem Herzenswunsch der Einheit zu gestalten. Ihr seid hierhergekommen, weil ihr die Größten seid, die jemals auf der Erde gelebt haben, und ihr seid jetzt da, um das Leben zu leben, das ihr euch schon so lange wünscht. Ihr habt alles vorbereitet, um dieses Leben irgendwann einmal erleben zu dürfen, und jetzt ist der große Zeitpunkt gekommen, an dem alles in Erfüllung geht, worauf ihr euch so viele Leben vorbereitet habt.

Frage: Auch wenn schwer absehbar ist, wie lange wir brauchen werden, bis wir unseren schöpferischen Auftrag voll und ganz übernehmen, möchte ich natürlich einen Anhaltspunkt haben, wie viele Jahre voraussichtlich vergehen werden, bis wir soweit sind?

Antwort: Ich verstehe, dass ihr natürlich neugierig seid, wann es denn soweit ist und der große Moment eintritt, wo die Menschheit als ein geeinter Schöpfer an die Arbeit geht, um das zu erschaffen, wofür sie hierhergekommen ist. Ihr werdet erkennen können, dass es doch etwas länger dauert, bis die Menschen ihr Leben soweit gestaltet haben, dass sie sich auf ihrem Planeten so wohlfühlen, dass es kaum mehr Arbeit zu verrichten gibt, um die Folgen eures alten Lebens aus der Welt zu schaffen. Das, worauf ihr euch auf jeden Fall bald freuen könnt, ist das Erschaffen eures eigenen Lebens, das sich, sobald ihr den Aufstieg geschafft habt, sofort verändern wird. Das, was dann bald folgen wird, ist die Assimilation aller Neuigkeiten, die sich euch auftun, und das ist natürlich ein riesengroßer Schatz, den ihr hier bergen könnt. Dies zu verarbeiten, könnte einige Jahre in Anspruch nehmen, und dann, sobald dies geschafft ist, seid ihr soweit, doch dazu in einer späteren Information, wenn die Zeit dafür gekommen ist.

Frage: Ich erinnere mich an das wundervolle Buch von Karin Tag „Das Geheimnis der Atlantischen Kristall-Bibliothek" – darin erzählt sie ihre unglaublichen Erlebnisse und Begegnungen mit den unterschiedlichsten Wesenheiten auf der Reise durch die verschiedenen Welten/Dimensionen im Inneren der Erde, die sich von unserer Welt so sehr unterscheiden. Diese Reisen hat sie absolut real erlebt, wie in ihrem physischen Leben auf der Erde, und doch war ihr Körper in unserer Welt zurückgeblieben. Sie reiste völlig losgelöst von Raum und Zeit und erlebte hautnah die größten Abenteuer, die man sich in fremden Welten nur vorstellen kann. Werden wir unsere Reisen durch die Tore der Dimensionen mit oder ohne unseren physischen Körper erleben bzw. wie können wir uns dies am besten vorstellen?

Antwort: Das Leben in der 5. Dimension ist ein Leben mit allen Freiheiten, die man sich nur vorstellen kann. Ihr seid dann in den Dimensionen unterwegs, die sich euch auftun werden, und ihr könnt alles erreichen, was ihr euch wünscht. Ihr könnt Welten bereisen, die sich euch öffnen, und ihr könnt Einlass gewähren denen, die ihr gerne bei euch haben möchtet. Das neue Leben ist ein grenzenloses, und alles, was euch in den Sinn kommt, ist möglich. Wenn ihr jemanden in eure Welt einladen möchtet, so wird dieser ebenso wie ihr nicht seinen physischen Körper hierher bewegen, sondern er wird in seinem Fluggerät hier bei euch eintreffen, das man sich als eine Art Bilokation vorstellen kann. Ihr seid also nicht physisch unterwegs, das wäre auch aus Zeitgründen nicht wirklich sinnvoll, sondern ihr werdet eure Fähigkeit nutzen, zweifach in Erscheinung zu treten. Das Leben, das ihr dann als dimensionsübergreifend empfinden könnt, ist so anders, als ihr es jetzt kennt, dass es euch heute auch schwerfallen wird, euch vorzustellen, dass die Dimensionen einfach so durchreist werden können, ohne dass man sich auf die jeweiligen Gegebenheiten so sehr einstellen muss, denn alles ist jederzeit

möglich. Euer Leben hat eine neue Dimension erreicht, und das bedeutet, dass sämtliche Einschränkungen, die euch die dreidimensionale Welt auferlegt hat, aufgehoben wurden.

*Frage: Erzengel Michael hat uns angehalten, in den Regionen spirituel-
le Zentren zu errichten, um die Menschen bei der Entfaltung ihrer geis-
tigen/schöpferischen Potenziale zu unterstützen und Orte der Begegnung mit unseren geistigen Begleitern und Sternenbrüdern zu erschaffen, um Schulungen/Einweihungen u.s.w. zu erhalten. Nachdem uns
unser schöpferisches Potenzial nach dem Aufstieg ja sofort zur Verfügung
stehen wird und wir durch unsere geistigen Führer angeleitet werden,
stellt sich die Frage, ob diese Zentren denn überhaupt erforderlich sind?
Bitte um Aufklärung, wozu diese gebraucht werden.*

Antwort: Eure Zentren werdet ihr sehrwohl brauchen, denn es wird
einige Zeit brauchen, bis ihr alle eure Fähigkeiten unter euch ausgetauscht habt und alle erfahren haben, was denn so alles möglich ist.
Das Leben in eurer neuen Welt braucht eure Zentren noch viele Jahre, denn es wird immer und immer wieder Neuigkeiten zu entdecken geben, und in den Zentren werdet ihr alles empfangen können,
was ihr noch braucht, denn dort werdet ihr in Verbindung gebracht
mit euren Helfern, die euch noch so viele Jahre begleiten werden,
solange es eben erforderlich ist. Das, was ihr dort zu erfahren habt,
hilft euch immens weiter, denn man kann innerhalb so kurzer Zeit
nicht alles erlernen, was die Größe einer neuen Dimension ausmacht. Das Leben in eurer neuen Welt hat so viele Neuigkeiten auf
Lager, dass es Jahre dauern wird, bis ihr alles erkannt und entdeckt
habt. Seid gewiss, dass viele Jahre vergehen werden, in denen wir
euch so nahe sind und euch mit allem versorgen, was ihr braucht,
um erfolgreich eure Schöpfertätigkeit annehmen zu können.

Das neue Leben öffnet alle seine Pforten

Dann, wenn all die Umstellungen geschehen sind, habt ihr wirklich alles vor euch, was man sich als Schöpfer nur wünschen kann. Das neue Leben beinhaltet eine Vielzahl von Veränderungen. Seid versichert, dass ihr sofort auf alles Zugriff haben werdet, sowie ihr die Bereitschaft bekundet habt, alles haben zu wollen, was einen Schöpfer ausmacht. Das, was ihr einen Schöpfer nennt, ist etwas ganz Großartiges, denn er hat alle Annehmlichkeiten, die einer haben kann, der imstande ist, sich sein Leben von Null auf neu zu erschaffen. Dann, wenn ihr das geschafft habt, steht ihr vor den Möglichkeiten der neuen Zeit – ihr werdet auf Anhieb begreifen, dass es jetzt an der Zeit ist, jenes Leben in Angriff zu nehmen, das von Grund auf immer schon in der Schöpfung vorgesehen war. Ihr seid dann diejenigen, die das Leben auf der Erde so weit ausbreiten, dass es keinen Bereich mehr gibt, der nicht voll Leben strotzt. Dann, wenn das vollbracht wurde, habt ihr euren schöpferischen Auftrag voll und ganz erfüllt, denn von nun an habt ihr die Freiheit, in die Weiten des Alls vorzudringen und neue Welten zu betreten, die bislang völlig leblos waren. Und wenn ihr diese Welten erkundet habt, dann wird es richtig spannend in eurem Leben, denn dann ist es soweit, dass sich ein Schöpfer auf ein neues Werk konzentriert, und das Werk, das er vollbringt, wird eine vollkommene Welt werden. Das, was dann entsteht, glänzt nach allen Seiten im Lichte der Vollkommenheit, denn dann ist alles eingeflossen, was ihr in den Jahrtausenden Vorbereitung auf der Erde erfahren habt, und das wird überall erkennbar sein, weil dadurch eine vollkommene Welt entstanden ist, in der alles so abläuft, dass niemand jemals auf den Gedanken kommen könnte, das Leben in irgendeiner Form zu gefährden.

Das neue Leben beinhaltet somit die größte Herausforderung, die man sich als Schöpfer nur stellen kann – ihr habt sämtliche Freiheiten und ebenso die volle Verantwortung für das, was ihr vollbringt. Ihr könnt von diesem Zeitpunkt an alles vergessen, was jemals auf der Erde an Negativem passiert ist, denn alles, was von da an passieren wird, ist auf das Positive gerichtet – nichts wird mehr dem gleichen, was einst auf der Erde geschehen ist – alles orientiert sich an dem, was die Schöpfung vorgesehen hat: die Vollkommenheit einer Welt. Es ist eure große Chance, das einzusetzen, was ihr in all den Jahrtausenden erlernt habt. Nutzt euer ganzes Potenzial an Erfahrung und Weisheit und erschafft die vollkommene Erde. Wenn ihr diese Erde erschaffen habt, dann habt ihr euren Auftrag erfüllt und könnt dann diese Erde multiplizieren – sie als Ebenbild nutzen für zahlreiche weitere Welten, die nach diesem Muster erschaffen werden können.

Frage: Wir haben also auf der Erde die Unvollkommenheit in ihrer vollsten Ausprägung erlebt, um in die Lage versetzt zu werden, die Vollkommenheit zu erschaffen?

Antwort: Das ist deine Version dessen, wie du die bisherigen Geschehnisse siehst, und ich kann dir im Wesentlichen nur zustimmen, denn vieles von dem, was ihr erlebt habt, diente letztlich dazu, zu erkennen, was auf der Erde nicht stattfinden sollte.

Frage: Es gibt viele Teile der Erde, wie z.B. Wüsten und Steppen sowie die kalten, an Sonnenlicht armen Polarregionen, wo Leben eher Mangelware ist. Ist das Ziel, dass in diesen Regionen die Vielfalt des Lebens deutlich vermehrt wird und wir speziell auch für diese Regionen gut gerüstete Lebewesen erschaffen, die dort ihr ganz spezifisches Dasein führen?

Antwort: Das, was ihr erschaffen werdet, dient genau dem, dass jeder Lebensraum voll und ganz genutzt wird, um die Ausprägungen des Lebens in unterschiedlichster Form zu ermöglichen.

Frage: Wir sprechen hier von dreidimensionalem Leben in der materiellen Welt in Form von Pflanzen und Tieren, so wie wir es kennen, oder?

Antwort: Das, was ihr hier erschaffen werdet, ist natürlich auf der Ebene zu sehen, auf der ihr derzeit euer Dasein pflegt.

Frage: Nachdem aller Voraussicht nach nicht alle Menschen dieses Buch lesen werden, funktioniert die Verbreitung der Vision über die um die Erde gespannten Gitternetze, über die alles mit allem verbunden ist. Es reicht also aus, wenn im Verhältnis wenige Menschen eine Vision zur Welt bringen, um diese auch in den Köpfen aller anderen Menschen zu verankern. Sehe ich das richtig?

Antwort: Das, was du hier vollbringen wirst, ist beispielgebend für die Menschheit, denn an dieser Stelle werden Visionen geboren, die durch die Leser als Multiplikatoren in die Welt gebracht werden und weiter ihre Ausprägung finden. Alle helfen mit, damit die Vision komplettiert wird, weil jeder Mensch erneut seine Möglichkeiten prüft und auch seine Vision von der vollkommenen Erde preisgibt. Das, was euch dabei gelingen wird, ist, eine Welt zu erschaffen, die der Vollkommenheit aus eurer heutigen Sicht sehr nahekommt.

Frage: Wir haben noch nicht über Technologie gesprochen. Ich gehe davon aus, dass sich hier ebenso vieles verändern wird. Möchtest du uns mehr dazu sagen?

Antwort: Eure Technologie ist sehr veraltet – in allen möglichen Bereichen habt ihr Technologie im Einsatz, die dieser Zeit nicht mehr gerecht werden wird. Das, was auf euch zukommt, ist die Reise in andere Ebenen, in andere Galaxien und auf andere Planeten, wo ihr Wesenheiten treffen könnt, die euch sehr gerne ihre Technologie übermitteln. Ihr werdet von euren Sternenbrüdern alles erfahren können, was notwendig ist, um neue Technologien zu entwickeln. Die Technik, die ihr haben wollt, schließt nichts aus – absolut gar nichts schließt dies aus, und ihr habt sofort das Verlangen, die alte Technologie abzusetzen und völlig neue Techniken einzusetzen, um das herzustellen, was ihr gerne haben möchtet. Eure Technik hat dann eine Revolution vor sich – ihr könnt dann so vieles vereinfachen, was heute noch sehr aufwendig ist. Ihr könnt dann die Prozesse der Herstellung so verändern, dass nichts mehr daran erinnert, wie ihr es gerade noch gemacht habt. Ihr könnt darauf bauen, dass die Elektronik, die ihr benutzt, das nicht mehr nötig haben wird, was ihr Strom nennt. Die Anschlüsse in euren Häusern werdet ihr nicht mehr brauchen, denn es gibt eine Technik, um ein Gerät zu betreiben, ohne es an das Netz des Stromes anzuschließen.

Frage: Wie funktioniert das?

Antwort: Es ist nicht sinnvoll, aus diesem Buch eine Technikfibel zu machen, denn es geht in erster Linie darum, wie ihr euer Leben strukturiert vorfinden möchtet. Das ist das Ziel der Arbeit hier im folgenden Teil des Buches – konzentriert euch darauf, denn es ist ausreichend, zu wissen, dass die Technologie da ist.

Frage: Das mit dem Reisen ohne Auto, ohne Eisenbahn und ohne Flugzeug habe ich noch nicht ganz verstanden. Bitte um Aufklärung, wann wir mit unserem physischen Körper reisen, der ja die Schwerkraft überwinden – sprich fliegen –kann, und wann wir mittels Bilokation Distanzen überwinden und wie wir in andere Dimensionen und andere Planeten reisen können, und wann benutzen wir ein Raumschiff?

Antwort: Es ist mir eine Freude, dir diese Frage beantworten zu dürfen, denn es ist wichtig, dass ihr dies versteht. Das Reisen wird euch ganz besonders viel Freude bereiten, denn euer Körper kann ja dann fliegen. Indem ihr die Schwerkraft überwindet, braucht ihr keine Autos mehr, denn eure Möglichkeiten sind dann so viel schöner und schneller, als euch dauernd in den Stau stellen zu müssen. Eure Autos könnt ihr dann auf eine völlig neue Art und Weise umgestalten, um sie dazu zu benutzen, das Leben auf der Erde zu genießen, indem sie euch nur noch den Spaß bringen, den sie euch eben bringen sollen, ansonsten könnt ihr sie alle wiederverwerten und daraus alles andre gestalten, was euch in den Sinn kommt. Es ist so, dass das Fliegen in einer ganz besonderen Art und Weise passieren wird, denn ihr befindet euch in einem Lichtkörper, der alles ermöglicht, was ihr euch vorstellt. Ihr könnt in diesem Körper über alle Landschaften fliegen und selbst in große Höhen aufsteigen und alles von oben betrachten, was euch in den Sinn kommt. Nutzt ihn, und ihr werdet erkennen, dass es euch große Freude bereitet, endlich unabhängig auf der Erde herumzufliegen und alles unabhängig von irgendwelchen technischen Hilfsmitteln zu erkunden. Eure Körper können das in sehr hoher Geschwindigkeit, daher ist es nicht mehr nötig, irgendwelche Fluggeräte zu bauen, die euch transportieren. So wie das Fliegen auf der Erde, könnt ihr euch auch in die Lüfte bewegen, um andere Planeten zu besuchen, doch braucht ihr dafür ein Fluggerät, das euch durch den Raum transportiert. Das, was ihr einen Raumgleiter nennen würdet, werdet ihr zur Verfügung haben, und jeder von euch kann dieses Gerät haben, wenn er es denn möchte. Darüber hinaus wird es euch möglich sein, Distanzen zu überwinden, wenn ihr nur schnell einmal wo vorbeischauen und euch nicht so lange dort aufhalten möchtet und nicht die Reise auf euch nehmen wollt. Das macht ihr auf eine ganz einfache Art und Weise, indem ihr euch dorthin versetzt und eine zweite Existenz von euch selbst vorübergehend dort platziert. Das nennt man Bilokation, wo ihr für einen kurzen Zeitraum an einem zweiten Ort ebenso anwesend seid.

Die vollkommene Erde

Lieber Christoph, wir bitten dich nun, aus deiner Phantasie heraus diese neue, vollkommene Welt zu skizzieren, wie du diese siehst und was du in dieser Rolle als Schöpfer vollbringen würdest, was du alles tun würdest, damit diese Welt vollkommen wird. Das, was das Endergebnis deiner Arbeit sein sollte, das wäre zunächst einmal auf eurem Planeten zu etablieren, denn alles andere sollte erst dann in Angriff genommen werden, wenn ihr diese, eure eigene Welt in Ordnung gebracht habt. Ich möchte dich bitten, deine Freunde einzuladen, dir bei dieser Arbeit behilflich zu sein – diskutiert in einer Runde, damit alles, was auf der Erde noch vollbracht werden sollte, auch wirklich in den Plan der Schöpfung aufgenommen werden kann. Das Ergebnis eurer Arbeit ist letztlich nichts anderes als ein Auftrag an alle, die dieses Buch lesen, ihrerseits Menschen zusammenzubringen, um genau denselben Prozess zu durchlaufen. Nehmt euch die Zeit, um eure Welt zu erschaffen. Seid kreativ und lasst euch von keiner einzigen Einschränkung abhalten, diese neue Welt in euren Gedanken zu erschaffen. Nehmt die Vision aller Menschen mit auf, denn nichts darf ausgeschlossen bleiben, denn alles ist absolut möglich!

Frage: Die Welt, die wir in unserer Vision darstellen, ist dies die Welt, die wir unmittelbar nach dem Aufstieg vorfinden möchten, oder sollen wir die Welt darstellen, wie sie in ein paar Jahren aussehen soll, wenn die Umstrukturierungen im Wesentlichen bereits geschehen sind?

Antwort: Diese neue Welt ist nicht die, die ihr vorfinden sollt, wenn der Aufstieg absolviert ist – ihr solltet ein paar Jahre in die Zukunft schauen und alles so darstellen, wie ihr es gerne haben möchtet. Ihr solltet nicht diejenigen sein, die zusehen, wie sich die Welt verändert, sondern ihr sollt diejenigen sein, die dieser Welt euren Stempel aufdrücken und sagen, wie ihr es haben möchtet.

Frage: Gemäß den vorliegenden Informationen könnte man mutmaßen, dass wir ja sowieso keine Strukturen mehr brauchen und uns um keinerlei Details unseres täglichen (Über)Lebens zu kümmern brauchen, weil wir ja sowieso alles sofort manifestieren können, was wir haben möchten, und somit auf keinerlei Landwirtschaft, Handwerk, Technologie usw. angewiesen sind. Ist das wirklich so?

Antwort: Euer Leben wird in erster Linie davon bestimmt sein, dass ihr mit euren Gedanken so ziemlich alles erschaffen könnt, was euch in den Sinn kommt. Das, was ihr alle gerne tun werdet, ist, das Leben zu beobachten, und ihr werdet alle sehr gerne mit euren Händen etwas erschaffen, das mit den Worten Kunst und Kreativität in Verbindung zu bringen ist. Euer Leben hat diese Komponente immer noch mit sich, wo das Dreidimensionale immer noch vorhanden ist, und ihr seid immer noch auf diesem Planeten in einem Körper, der aus der Hülle des Planeten entstanden ist. Euer Leben wird sich in dieser Zeit immer mehr in die geistige Ebene verlagern, doch die Verankerung auf der Erde bleibt euch erhalten, damit ihr den Bezug zum Leben in der Ebene der Planeten nicht vergesst und selbst erfahren könnt, wie es sich anfühlt, dort verankert zu sein. Euer Leben kann sich in dieser Ebene weiterentwickeln, und ihr könnt dann beginnen, eure Strukturen so weit aufzubauen, dass ihr aus dem Leben, das ihr jetzt führt, einiges ableiten könnt, das euch dienlich sein wird, um die neue Struktur zu schaffen, denn die Unterschiede sind das, was euch ausmacht – ihr habt alle Erfahrungen gemacht und könnt diese miteinbringen, um das neue Leben so zu gestalten, dass es nicht mehr dem alten Leben entspricht, sondern eine Komponente in sich birgt, die als Einheitsbewusstsein bezeichnet wird. Ihr habt diese Ebene noch nicht erfahren, daher ist es so wichtig, dass ihr jetzt damit beginnt, diese Ebene in euren Köpfen zu erschaffen.

Frage: Sollen wir strukturiert Bereich für Bereich durchgehen oder unserer Kreativität völlig freien Lauf lassen und einfach heraussprudeln lassen, was uns gerade in den Sinn kommt? Welche Strategie ist hier zielführend?

Antwort: Ihr werdet das eine und auch das andere tun, denn indem ihr euch einen Bereich genauer anschaut, erkennt ihr seine Verknüpfungen mit anderen Ebenen, die ihr euch ansehen möchtet. Geht also strukturiert vor und driftet dann gern auch in andere Bereiche ab, diese werden euch helfen, das Ganze mit Leben zu erfüllen, denn nur so bekommt die Vision einen runden Touch, der euch alle zusammen die Kreativität zum Ausdruck bringen lässt. Seid nicht starr im System, sondern lasst alles zu, was euch in den Sinn kommt – seid kreativ und lasst das mit der Struktur nur zu Beginn gelten, damit sie euch in euren Fluss der Kreativität hineinführt.

Einleitung

Zu Beginn dieser Aufgabe ist es mir so wie den zahlreichen Besuchern der von Erzengel Michael initiierten Internetseite www.projekt-herz.com ergangen und ich konnte mir nur schwer vorstellen, wie diese neue Welt genau aussehen könnte, und bin dabei immer wieder über meine eigenen Beschränkungen gestolpert. Im Zuge stundenlanger Diskussionen mit meinen lieben Freunden wurde zu Beginn hauptsächlich dargestellt, wie sich unsere Welt heute darstellt und wie diese vollkommene Welt nicht sein darf. Erst nach längerer Beschäftigung bin ich in einen Fluss gekommen und habe im Rahmen meiner Vorstellungskraft versucht, in meinen Ausführungen möglichst zahlreiche Bereiche unserer neuen Welt zu beschreiben. Bei dieser Arbeit sind unzählige Detailfragen aufgetaucht,

und ich bin einerseits immer wieder an meine eigenen Grenzen gesto-
ßen und musste diese hinterfragen, um festzustellen, ob ich denn
überhaupt weit genug gedacht habe oder ob die Grenzen in meinem
Kopf verhindert haben, das volle Spektrum an Möglichkeiten zu erkennen. Andererseits hatte ich zwar eine gewisse Vorstellung davon,
wie einzelne Bereiche denn funktionieren könnten, und bin dann
laufend vor der Frage gestanden, ob meine Vorstellungen der vollkommenen Erde denn überhaupt realistisch sind. Erzengel Chamuel
hat mich dabei liebevoll und geduldig unterstützt und meine Vorstellungskraft immer wieder beflügelt und durch hilfreiche Informationen dafür gesorgt, dass aus den vielen Details eine „Runde Sache"
geworden ist.

Alle Inhalte auf den folgenden Seiten dieses Kapitels sind somit
nicht rein nur aus meiner Phantasie heraus entstanden und können
nicht als Hirngespinste abgetan werden, sondern sie wurden alle
hinterfragt und auf ihren Realitätsbezug überprüft. Sicherlich wurde
hier vieles nur im Ansatz behandelt oder auch gar nicht darauf ein-
gegangen – es können jedoch die Grundlagen der einzelnen Themen auf alle anderen Bereiche unserer neuen Welt umgelegt werden
und somit beantworten sich zahlreiche Fragen, die möglicherweise
noch im Raum stehen, schon alleine durch diesen Umstand von
selbst.

Mein lieber Freund Engelbert hat mir dabei geholfen, die Vielzahl an Themen möglichst passend zu gruppieren und dadurch eine
nachvollziehbare Struktur zu schaffen. In einigen Bereichen wollte
ich nicht nur die Vision unserer neuen Welt alleine darstellen, sondern es war mich wichtig, zumindest im Ansatz auch die aktuelle,
überwiegend gültige Ausgangssituation in unserer alten Welt darzustellen, um die Unterschiede besser herausarbeiten zu können. Ich
lebe in Österreich – im Herzen Europas – und daher gebrauche ich
Vergleiche, die mit meinem Kulturkreis in Verbindung stehen. Um
die überwiegend gültige Ausgangssituation in wenigen Worten zu
beschreiben, lassen sich Verallgemeinerungen nur schwer vermeiden
und die vielen löblichen Ausnahmen können dabei nicht explizit

angeführt werden. Ich ersuche daher all jene Leser um Nachsicht, die bereits in den verschiedensten Bereichen Pionierarbeit leisten und hier nicht explizit gewürdigt werden.

Der Mensch

Wahrhaftigkeit

Alle Menschen haben ihr Ego abgelegt und verfallen nicht mehr der Illusion, dass es etwas bringt, sich nur um seinen eigenen Vorteil zu kümmern. Die unzähligen Lügen der Vergangenheit haben wir alle erkannt – dieser Umstand ist unter anderem auch darauf zurückzuführen, dass unsere Wahrnehmung deutlich sensibler geworden ist und wir sofort die wahre Absicht hinter jeder Aussage bzw. jeder Handlung erkennen. Unser Weltbild hat den Status der Wahrhaftigkeit erreicht – alles ist genau so, wie es auch dargestellt wird! Alles wird sofort durchschaut, und niemand kann und will jemals die Unwahrheit sagen. Alles wird sofort entlarvt und rigoros zurückgewiesen. Die Manipulation der vergangenen Zeit hat somit vollständig aufgehört – alles dreht sich nur noch um die Wahrhaftigkeit. Die Wirklichkeit ist immer ein Wunsch reinen Herzens, und alles wird hinterfragt, ob es denn wirklich allen dient. Dies hat weitreichende Veränderungen in allen Lebensbereichen hervorgerufen, und weil es eben nur noch die Wahrheit gibt, ist so vieles aus unserem Leben verschwunden, das nicht der Wahrheit entsprochen hat. Die neue Welt baut ausschließlich auf der Wahrheit auf und sie kann auch gar nicht anders, denn jeder, der nicht die Wahrheit spricht, kann in dieser Welt nicht existieren. Diese Welt kennt nur noch die Wahrheit, weil sie nur noch Wahrheit ist, und alles, was früher noch an Illusion möglich war, weil es durch eine Menge von Lügen untermauert wurde, ist heute absolut unmöglich geworden, da jeder sofort erkennt, was nicht wahr ist, selbst Halbwahrheiten oder Fehlinterpretationen werden sofort erkannt.

Selbstverständnis

In der Zeit vor dem Wandel drehte sich unser Dasein in erster Linie darum, das Leben an sich zu meistern und überhaupt am Leben zu bleiben. Ziel war, sich das Leben, neben den zahlreichen Pflichten und der Notwendigkeit, über fleißige Arbeit Geld zu verdienen, auch hin und wieder ein bisschen schön zu machen, ein angemessenes Zuhause zu haben und ein paar Reserven für „schlechte Zeiten" anzusammeln. Die Angst, sich das Leben nicht mehr leisten und den gesellschaftlichen Status nicht halten zu können, begleitete mich früher ebenso wie die Furcht vor dem Tod. Dies ist erfreulicherweise Vergangenheit.

Ich weiß und ich fühle es, unsterblich zu sein, und bin daher völlig frei von Ängsten und sehe diesen Körper als Instrument mit zahlreichen Sinnesorganen, die wie Antennen fungieren. Mein Körper ist ein hochspezialisiertes Werkzeug, um mich selbst, meine Individualität und meine Göttlichkeit zum Ausdruck zu bringen. Alle Menschen haben verstanden, wer sie sind – ich bin zwar ein einzelnes Individuum, doch in meinem Sein bin ich erst wirklich erfüllt, seit ich mich als wichtiger, unverzichtbarer Bestandteil des Großen Ganzen fühle. Jedem ist bewusst, dass wir aus der göttlichen Quelle gekommen sind, um hier etwas ganz Großes zu vollbringen. Wir wissen, dass wir einzelne Schöpfergötter sind und erst zusammen, als Kollektiv, die volle göttliche, schöpferische Kraft darstellen. Wir haben verstanden, dass diese Welt ohne uns nicht weiter existieren soll, denn dieser Planet ist die Heimat des Schöpfers – unsere Heimat. Alles, was unsere zahlreichen bisherigen Leben ausgemacht hat, diente in erster Linie der Erfahrung dessen, was wir nicht sind – es diente dem vollständigen Erkennen dessen, was auf der Erde keinesfalls jemals wieder existieren/erschaffen werden soll.

Ich weiß, dass ich die zahlreichen Möglichkeiten, die mir die neue Erfahrungsebene, in die wir erst kürzlich eingetaucht sind, bietet, erst nach und nach entdecken werde, denn das Erfahren meiner eigenen Macht und Schöpferkraft gehört zu meiner Selbsterfahrung dazu und macht unendlich viel Freude. Die Grundschule ist absolviert und wir sind nun in die Hochschule gewechselt, doch die Erde ist nach wie vor ein Planet, um Erfahrungen zu machen, doch im Gegensatz zur früheren Erfahrung dient diese neue Ebene der Erfahrung, ein Schöpfer zu sein, und Leistungsdruck kennen wir nicht mehr. Es war ein großer Schritt, diese Schöpfermacht anzunehmen, unseren Seelenplan anzuerkennen und zu akzeptieren, dass dies in seiner ganzen Tiefe erst erfahren und erarbeitet werden muss, denn nichts geht ganz einfach nur so von selbst, denn die Erfahrung ist immer noch das Wichtigste im Dasein auf Erden. Ich sehe meine Aufgabe darin, in meine Funktion als Schöpfer nach und nach hineinzuwachsen, um im Laufe der Zeit für meine bzw. unsere gemeinsame große Aufgabe gerüstet zu sein. Erst durch unser gemeinsames Wirken kommt das wahre schöpferische Potenzial zum Ausdruck.

Früher wollte jeder sein Ding durchsetzen – heute hat zwar jeder immer noch seine ganz persönlichen Interessen, die auch völlig losgelöst von den anderen gelebt werden können. Für die Gemeinschaft gibt es jedoch übergeordnet nur ein einziges Ziel – das höchste Wohlergehen aller! Jeder stellt seine eigenen Interessen sofort zurück, sowie diese das Wohlergehen von nur einem einzelnen anderen beeinträchtigen würden. Wir nehmen intuitiv wahr, wenn jemand gefährdet oder benachteiligt werden könnte. Unsere Wahrnehmung ist so geschärft, dass wir mögliche Risiken schon im Vorfeld erkennen und dadurch ausschließen können. Erst wenn eine Lösung gefunden wurde, mit der wieder wirklich alle glücklich sind, wird das persönliche Bestreben fortgesetzt. Das Entwicklungsziel haben wir alle selbst vor unserer Inkarnation in unserem Seelenplan festgeschrieben – dieser ist uns voll bewusst, und gemäß diesem Plan entwickelt sich jeder Einzelne ständig weiter und somit das ganze menschliche Kollektiv. Das Leben fühlt sich unbeschreiblich leicht an und ist an Spannung nicht zu überbieten!

Freiheit

Ich fühle mich vollkommen frei und ungebunden. Ich kann, so wie alle anderen auch, tun und lassen, was, wann und wo immer ich will. Niemand macht mir Vorschriften – ich habe keinerlei Verpflichtungen. Das Einzige, worauf ich achte, ist das höchste Wohl aller – aller Menschen, Tiere und Pflanzen und natürlich unserer Mutter Erde. Ich unterlasse alles, was diesem Prinzip widerspricht, und tue im Rahmen meiner Möglichkeiten alles, um das höchste Wohl aller weiter zu fördern. Das neue Leben bietet mir eine Unzahl von zusätzlichen Möglichkeiten, von denen ich früher nicht einmal zu träumen gewagt habe. Ich bin von niemandem mehr abhängig und habe die Freiheit, den Impulsen, die auf mich einwirken, zu folgen oder es eben bleiben zu lassen – ich folge meinem inneren Gefühl. So etwas wie ein schlechtes Gewissen gegenüber Verpflichtungen wie in früheren Zeiten gibt es nicht mehr. Das Wohlergehen aller ist der Maßstab meines Handelns und mir ist bewusst, dass auch niemand mehr von mir unmittelbar abhängig ist. Der freie Wille ist das höchste Gut und jeder schätzt und achtet dies! Mein Herz leitet mich, und es ist mir ein Bedürfnis, etwas zum Wohle aller beizutragen und diese Erde laufend zum Positiven zu verändern, doch wann und in welchem Ausmaß ich dies tue, bleibt einzig und alleine mir überlassen. „Kann nicht oder geht nicht", existiert nicht mehr, auch das Wort „muss" im Sinne von Verpflichtung wird nicht mehr benutzt. Und das Schöne daran – alles funktioniert nicht nur sehr viel besser als in der alten Welt, sondern es ist vom Gefühl her, gemessen an den bisherigen Erfahrungen, nicht zu überbieten!

Körper / Gesundheit / Tod

Harte Arbeit, Stress, ungesunde Ernährung waren bisher Ursache für den verhältnismäßig schnellen Verfall des Körpers. Durch das Leben nach dem inneren Rhythmus und nur die hochwertigste Ernährung werden die Zellen laufend mit allen Vitalstoffen versorgt, die sie benötigen, um sich bestmöglich regenerieren zu können. Die zahlreichen Krankheiten aus früheren Zeiten sind Geschichte. Wir alle sind kerngesund – alle Leiden der Vergangenheit konnten geheilt werden bzw. haben sich von selbst gelöst. Die Seele wird voll und ganz als das ausdrucksstärkste Element des menschlichen Seins dargestellt und angenommen, und daher ist es Usus, dass wir Menschen den Plan, den wir uns mit unserer Seele erstellt haben, auch tatsächlich ausleben, und deshalb gibt es keinen Grund für eine Krankheit, denn Krankheit ist immer nur der Ausdruck eines Mangels, den die Seele nicht mehr länger ertragen möchte. Medikamente sind somit nicht mehr erforderlich, da die Beseitigung der Ursachen für die körperlichen Symptome auf der feinstofflichen Ebene erfolgt, und gemäß dem Gesetz, dass der Geist die Materie beherrscht, können somit auch die physischen Erscheinungen geheilt werden. Auch Unfälle sind überflüssig geworden, denn auch sie waren Ausdruck eines Ungleichgewichts zwischen dem Seelenplan, der für dieses Leben erstellt wurde, und dem, was gelebt wurde.

Wir haben gelernt, unsere Körper umzubauen und alles zu regenerieren. Auch der Alterungsprozess hat sich deutlich verlangsamt, und daher ist es uns möglich, bis ins hohe Alter voller Vitalität unserem Drang nach Bewegung und körperlichem Ausdruck nachzugeben. Jeder hat die Möglichkeit, sein Aussehen zu verändern, auch wenn die Äußerlichkeiten nicht mehr den hohen Stellenwert haben, denn die inneren Werte sind für jedermann sofort ersichtlich, und das sind die entscheidenden Maßstäbe. Die natürliche Lebensspanne hat sich deutlich erhöht, obwohl uns dies nicht mehr so wichtig ist. Das, was früher die unzähligen Krankheiten ausgelöst hat, ist nicht mehr existent, somit beschäftigt uns auch das Vermeiden von Krankheiten sowie deren Heilung nicht mehr. Die Elixiere der Natur gehören zu unserem Alltag und tragen zu unserem Wohlergehen bei, indem sie unsere Vitalität erhalten und nicht mehr als Heilmittel angesehen werden. Das Leben ist gefahrlos, und es gibt nichts, das unserem Körper schaden könnte. Der klassische Alterungsprozess, der früher als Entwicklungsweg zu sehen war, hat an Bedeutung verloren – wir können uns darauf konzentrieren, was wir mit dem Körper vollbringen möchten, anstatt über die starke Veränderung des Körpers über die Zeit einen Entwicklungsweg machen zu müssen. Das Leben hat sich dahingehend verändert, dass wir nicht mehr danach trachten, wie wir aussehen oder was wir anziehen, um möglichst attraktiv zu wirken, weil das Leben einen ganz anderen

Stellenwert bekommen hat. Jetzt geht es nur noch darum, was der Einzelne in seinem ganzen Sein zum Ausdruck bringt, und dahin will sich jeder zu seinem Höchstmöglichen entwickeln.

Der Tod hat seinen Schrecken verloren, denn wir sind uns voll und ganz bewusst, dass absolut nichts jemals verloren geht und der Tod nur der bewusste Austritt der Seele aus ihrem Werkzeug, dem Körper, ist. Der Kontakt in alle Ebenen ist uns jederzeit möglich, somit ist der Kontakt zu allen Seelen, die uns wichtig sind, jederzeit herstellbar und somit stellt der Tod auch keinen Verlust mehr dar. Ganz im Gegenteil, sowie ein Seelenplan erfüllt wurde und die Seele beschließt, sich zurückzuziehen, um neuen Erfahrungen entgegenzugehen, so wird dies von allen sehr feierlich gesehen, und man feiert den Abschluss eines erfolgreichen Lebens auf der Erde und begrüßt den bewussten Akt der Seele, den Körper zu verlassen und ihn an Mutter Erde in größter Dankbarkeit zurückzugeben. Die abgelegten Körper werden nicht wie früher als Erinnerung in Tempeln oder in Gräbern bestattet, um an die Toten zu erinnern, sondern sie werden alle verbrannt, um sie möglichst schnell zu transformieren und Mutter Erde zurückzugeben, damit die Körper nicht mehr als Erscheinungsbild der Vergangenheit langsam dahinrotten, sondern möglichst schnell alles, was darin verborgen war, wieder der Mutter Erde zur Verfügung steht und sie damit einen neuen Körper formen kann.

Bevölkerung / Zeugung / Geburt

In den letzten Jahrzehnten vor dem Aufstieg hatten sich sehr viele Seelen inkarniert, um ihre karmischen Verflechtungen mit zahlreichen reifen und alten Seelen, die sich den Aufstieg zum Ziel gesetzt haben, zu lösen. Diese Seelen haben jedoch von Anfang an geplant, nach erfolgter Lösung der Verflechtungen noch im Vorfeld des Aufstiegs die Erde wieder zu verlassen und auch ihr Ableben so zu gestalten, dass das Bewusstsein der Verbliebenen dadurch weiterentwickelt wurde. Im Nachhinein betrachtet sind wir diesen Seelen sehr dankbar, weil sie durch ihre Inkarnation für diejenigen, die sich für den Aufstieg entschieden haben, den Weg in die 5. Dimension freigemacht haben. Wir wussten damals nicht, dass es so viele waren, die ihre Inkarnation hauptsächlich unserem Aufstieg gewidmet haben, obwohl sie für sich selbst, aus welchem Grund auch immer, gewählt haben, diesen Aufstieg nicht mitzumachen. Heute blicken wir in Demut und Dankbarkeit zurück und freuen uns, dass wir alles hinter uns lassen und diese neue Ebene betreten konnten. Wir sind in unserer Zahl deutlich reduziert, und dadurch ist die Belastung, die wir Menschen für den Planeten bereits dargestellt haben, deutlich gesunken. Mutter Erde atmet auf, und wir bilden mit ihr eine Einheit und arbeiten intensiv zusammen. Wir haben das alte Spiel der dualen Kräfte verstanden und sind auch all jenen sehr dankbar, die in der Vergangenheit durch das Aufrechterhalten des Licht- und Schattenspiels für eine lang andauernde und breite Erfahrungsebene gesorgt haben. Heute sind wir ausschließlich von Menschen umgeben, die den Weg des Herzens gewählt haben und ihn auch konsequent gegangen sind und die Liebe als ihre Ausdruckform gewählt haben. Sämtliche Bedrohungen sind von uns gewichen – die Angst ist verschwunden und hat der Liebe, Harmonie und Glückseligkeit Platz gemacht.

In der neuen Welt ist die Anzahl von Seelen in menschlichen Körpern limitiert. Wie viele Menschen auf der Erde leben, ist mit Mutter Erde vereinbart, und zwar in der Größenordnung, wie es für den Planeten verträglich und zur Erfüllung unseres gemeinsamen Auftrags erforderlich ist. Eine Inkarnation auf der Erde ist nur möglich, wenn sich die Seele in früheren Inkarnationen dafür qualifiziert hat. Es wird sorgsam geprüft, wer hier als Schöpfer zur Erde kommt, und das Grundprinzip, dass wir alle auf Einladung von Mutter Erde hier sind, ist jedem voll und ganz bewusst. Vor dem Aufstieg hatten alle Menschen die Möglichkeit und die Fähigkeit, sich weiterzuentwickeln – welche Seelen heute noch hier sind, wurde jedoch klar und deutlich ausgewählt und festgestellt, wer dafür bereits bereit ist, denn der Auftrag, der hier auf uns Menschen noch wartet, ist kein kleiner, sondern es bedarf wirklich großer Seelen, die hier noch weiter auf der Erde verweilen, um die Aufträge, die durchaus verantwortungsvoll und zahlreich sind, auszuführen.

Jede Zeugung eines Menschen erfolgt nach vorheriger Abstimmung mit der Seele, die sich den passenden Körper gestaltet, und mit Mutter Erde. Verhütungsmittel sind überflüssig geworden, denn es gibt keine Zufallsschwangerschaften mehr. Das Leben als Ganzes zielt nicht mehr darauf ab, sich rein nur darauf zu beschränken, einfach nur zu leben, sondern es zielt darauf ab, dass mit diesem Leben ein positiver Effekt für das Universum erzielt wird. Daher ist es nicht einfach nur so zu sehen, dass ein Leben geboren wird, um einfach neues Leben zu erschaffen, sondern es geht in erster Linie darum, das „Große Ganze" mit diesem neuen Leben, das geschaffen wurde, zu bereichern.

Ein Kind zu gebären, ist ein feierlicher Akt, der die ganze Region zu einem großen Fest veranlasst. Die Geburt eines Kindes ist durch die geistige Möglichkeit, das körperliche Schmerzempfinden vollständig ausschalten zu können, für die Mutter ein vergleichbar angenehmer Akt größter Freude.

Die Geburt eines Kindes ist für die Mutter zwar immer noch anstrengend, doch ist weder die Mutter noch das Kind in Gefahr, sich bei der Geburt einen Umstand einzuhandeln, der das Leben gefährden könnte. Alles verläuft in gegenseitigem Einvernehmen und ist eine enge Zusammenarbeit zwischen der Mutter und dem Kind, die miteinander telepathisch in Verbindung stehen. Dadurch, dass das Kind voll mitarbeitet und die Mutter es anleitet, verläuft die Geburt verhältnismäßig schnell und einfach. Das neue Kind wird gleich nach der Geburt allen in der engeren Gemeinschaft vorgestellt. Die neue Seele möchte gerne in die Gruppierung der Menschen aufgenommen werden, die intensiv zusammenarbeiten, damit jeder weiß, dass ein neues Kind in die Gemeinschaft eingetreten ist Alle freuen sich so sehr, dass jeder einzeln darum bemüht ist, das Kind zu begrüßen und es willkommen zu heißen.

Das Kind braucht dann sehr bald einen eigenen Platz, an dem es sich entwickeln kann, denn die Gemeinschaft betrachtet die Kinder als eigenständige Wesen. Damit es sich voll und ganz entwickeln kann, braucht es zwar immer noch die Eltern, doch die Gemeinschaft trachtet danach, dass alles getan wird, was das Kind braucht, um sich in dieser Welt zurechtzufinden. Das Kind wird dort platziert, wo es das selbst gewählt hat, denn die Kinder sind von Anfang an voll und ganz in das Geschehen eingegliedert – sie haben sofort die ganze Weisheit aus früheren Zeiten zur Verfügung und werden voll und ganz integriert. Die Kinder erfüllen ihren Auftrag bereits vom ersten Tag ihres Daseins an und nicht so wie in früheren Zeiten, wo sie viele Jahre einfach nur gehätschelt und verwöhnt wurden. Sie sind von Anfang an voll und ganz in das Geschehen integriert, auch wenn ihr kleiner Körper dies nicht vermuten lässt. Die Seele ist ja groß und weise, und sie hat alle Möglichkeiten, bereits im Mutterleib alles zu erschaffen, was sie für sein Leben benötigt. Alles ist vorbereitet, damit das Kind sich so entwickeln kann, wie es gerne möchte.

Sexualität / Liebe / Partnerschaft

Früher war Sex zwar immer schon als eine wundervolle Angelegenheit zwischen zwei sich innig liebenden Menschen gedacht, doch ist das häufig ganz gewaltig aus dem Ruder gelaufen. Über Sexualität wurde häufig Macht ausgeübt – nicht nur die Männer haben die Sexualität missverstanden bzw. missbraucht und zahlreichen Frauen wurde sexuelle Gewalt angetan; sondern auch Frauen haben Sex als Instrument benutzt, um ihren Männern ihren Willen aufzuzwingen und sie gefügig zu machen. Sexuelle Zuwendung wurde per Gesetz sogar als eheliche Pflicht verordnet. Seit Menschengedenken wurde Sex auch als Geschäft betrieben, und auch hier übten die Männer Macht über die Frauen aus und zwangen sie des Geldes wegen, ihren Körper zu verkaufen, um die Triebhaftigkeit zahlreicher Männer zu befriedigen. Viel zu oft wurde der Geschlechtsverkehr ohne beiderseitiges Verlangen und vor allem ohne wahre Liebe vollzogen.

Heute ist alles ganz anders! Die Liebe ist dazu gedacht, sich gegenseitig alles zu geben, was der andere begehrt – sie dient in erster

Linie dazu, den anderen glücklich zu machen! Unser Leben hat sich auch in diesem Bereich völlig verändert, weil wir nicht mehr genötigt sind, unseren Trieben ungewollt Folge zu leisten – sie haben keine Macht mehr über uns, weil wir gelernt haben, alles zu kontrollieren. In der Sexualität kommen zahlreiche Änderungen unseres Lebens zum Ausdruck. Menschen kommen zusammen, weil sie sich voneinander angezogen fühlen – sie spüren ein tiefes Verlangen, den anderen zu berühren, mit ihm zusammen zu sein und alles zu tun, damit der andere vollends glücklich ist. Das Ziel ist, den Partner so weit zu stimulieren, dass er das Hochgefühl der völlig ekstatischen Erfüllung erlangt – beide Partner verfolgen gleichzeitig dasselbe Ziel. Die neue Liebe dient nicht mehr dazu, um einen Akt zu vollziehen, in dem zwei Körper miteinander verschmelzen, sondern sie dient dazu, den Partner mit allem zu erfüllen, was sein Leben erfüllen kann. Alles, was die Liebe vollbringen mag, ist die Fülle. Über die neue Art zu lieben bzw. die Liebe neu zu erfahren, haben wir erst so richtig verstanden, was es bedeutet, einfach nur zu sein. Die Liebe ist nun ein Akt der Verschmelzung mit allen Sinnen – die Partner verschmelzen zu einer Einheit – aus zwei wird EINS! Wir erfahren dabei eine Tiefe, die wir bisher nicht kannten, und es erfüllt uns mit so viel Freude, dass man gar nicht voneinander lassen möchte. Wir haben auch sehr viel mehr Zeit, um die Liebe in ihrer vollsten, über die Körperlichkeit hinausgehenden Ausprägung zu erfahren, denn sie ist der wesentlichste Bestandteil unseres Seins. Selbst der direkte Körperkontakt ist nicht unbedingt erforderlich, um zur Ekstase zu gelangen. Das Feld der Erfahrungen scheint unendlich, und es haben sich zahlreiche Menschen darauf spezialisiert, immer neue Facetten der höchsten Glückseligkeit zu erforschen und ihre Erkenntnisse in Schulen an alle weiterzugeben. Erst wer all dies erfahren hat, der kann davon sprechen, das Leben in seiner schönsten Form und vollsten Ausprägung erfahren zu haben. Vieles davon war in der alten Welt aufgrund der deutlich geringer ausgeprägten Sensibilität und des bei vielen noch nicht so weit entwickelten Bewusstseins nur bedingt möglich und den meisten auch nicht bekannt.

Nacktheit in der Öffentlichkeit und sexuelle Verschmelzung wurden früher oftmals zu Unrecht belächelt und als ekelhaft, schmutzig, unsittlich und Erregung öffentlichen Ärgernisses verpönt. Dies ist völlig anders geworden – wir sind so weit gekommen, dass der Mensch in seinem vollsten Sein anerkannt ist, und dazu gehört auch die Nacktheit – so wie jeder sich selbst geschaffen hat. Die Nacktheit dient in erster Linie der vollen Erfahrung des Lebens – die Kleidung diente früher in letzter Konsequenz als Schutz und dazu, den anderen alles vorzuenthalten, was sich darunter verbirgt. Das neue Leben hat zwar immer noch Kleidungsstücke vorgesehen, doch dienen diese dem Ausdruck der individuellen Form, sich darzustellen, und nicht der schamhaften Bedeckung.

Es ist so vorgesehen, dass es für jeden Menschen einen geeigneten Partner gibt – das war immer so und wird immer so sein! Wenn dies früher einmal anders war, dann hat dies derjenige selbst verursacht. Die meisten wählen heute im völligen gegenseitigen Einverständnis, eine Partnerschaft zu bilden, und bleiben dann meist auch zusammen. Wechselnde Partnerschaften sind durchaus im Rahmen des Möglichen, es wird jedoch niemals dazu kommen, dass eine Szene gemacht wird, nur weil jemand entschieden hat, sich auf einen anderen Partner einzulassen. In der Regel bleiben wir bei unserem Partner, doch wenn jemand einmal etwas Neues ausprobieren möchte, so ist dies auf jeden Fall machbar und bleibt auch ohne Konsequenzen – dies ist ganz im Gegensatz zu unserer bisherigen Erfahrung. Geheimnisse gibt es ja sowieso keine mehr, denn die Wahrheit ist immer für jedermann und sofort erkennbar.

Kinder

Kinder sind das größte Geschenk, das uns das Leben macht, aber auch die größte Herausforderung, die uns das Leben stellt. Um Kinder vollständig verstehen zu können, muss man sich in die Ausgangslage einer Seele versetzen, die zu inkarnieren beschlossen hat, um das Leben hier zu erfahren und sich selbst durch neue Erkenntnisse zu bereichern. Ich habe erkannt, dass Kinder mit völlig anderen Augen zu sehen sind, als ich dies in der Vergangenheit getan habe. Kinder sind nicht einfach nur dafür da, um den Eltern durch ihr Sein eine Freude zu bereiten, sondern mir ist bewusst, dass Kinder nichts anderes sind als Seelen, die sich in ein neues Abenteuer auf der Erde begeben, um die Erfahrungen machen zu können, die sie sich vor der Inkarnation selbst ausgewählt haben. Sie haben Erfahrungen gewählt, die sie gerne machen möchten, und sie haben sich einen Auftrag gestellt, und um ihn bestmöglich erfüllen zu können, haben sie den passenden Körper ausgewählt und ihn mit gewissen Talenten und besonderen Fähigkeiten ausgestattet. Durch die bewusste Einladung von Mutter Erde und der beiden Elternteile kommen sie in dieses Leben und vertrauen sich zu 100 Prozent dem Leben und ihren Eltern an, dass sie ihnen behilflich sind, ihren Weg in den Körper zu finden und sich darin zurechtfinden zu lernen. Die gewählte Erfahrungswelt der Kinderseele beginnt ja nicht erst nach der Schulausbildung mit dem Eintritt in ein Studium oder einen Beruf, sondern bereits am ersten Tag, nachdem das Licht dieser Erde erblickt wurde, bzw. schon im Mutterleib. Das vordergründige Entwicklungsziel ist nicht mehr ein erfolgreiches Berufsleben, sondern es wird jetzt dem Seelenplan höchste Aufmerksamkeit geschenkt. Dadurch hat sich unser Umgang mit Kindern in vielen Bereichen grundlegend gewandelt und wir nehmen von Anfang an Rücksicht auf die Bedürfnisse und Ziele der Kinderseele. Das neue Leben, das soeben geboren wurde, ist nicht einfach nur ein kleines Kind, das keine Ahnung vom Leben hat, sondern es ist zumeist eine uralte Seele, die wirklich viel Erfahrung hat, und diese Seele ist äußerst weise und will nichts anderes als einen neuen Körper, um weitere Erfahrungen machen zu können – so ist das Wesen, das zur Erde kommt, zu sehen.

Die Eltern erachten ihr Kind nicht als ihr Eigentum, sondern sie betrachten es als ein völlig freies Wesen, dem sie ein Versprechen gegeben haben, sich um die Grundvoraussetzungen des Lebens in der Startphase zur Verfügung zu stellen, bis sich das Kind ganz alleine zurechtfindet und die Dienste der Eltern nicht mehr oder nur mehr bedingt in Anspruch nehmen möchte. Die Eltern respektieren, so wie alle anderen auch, den freien Willen des Kindes und erlauben sich zwar, es auf Umstände hinzuweisen, die ihm dienlich sein könnten, um sich in dieser Welt besser zurechtzufinden – es wird jedoch zu gar nichts gezwungen und die Entscheidung selbst überlassen, ob es die Hinweise hören bzw. annehmen möchte oder nicht. Ein Kind hat die Freiheit, sich von allen Menschen jeden Alters all die Unterstützung geben zu lassen, die es gerne haben möchte, und erhält diese auch zu jeder Zeit von allen liebend gerne. Kinder sind nicht Eigentum der Eltern, auch die Kinder sind nicht mehr so Eltern-fixiert wie früher – sie werden als freie Wesen wahrgenommen und können frei entscheiden, wo und bei wem sie im Augenblick sein und leben möchten. Die Vielfalt bringt zusätzliche Eindrücke und Lernerfahrungen. Die Eltern bleiben natürlich die Basisstation, wohin sie jederzeit zurückkehren können, wenn sie dies möchten. Der freie Wille ist das höchste Gut, und alle Menschen fühlen sich angehalten, die Kinder bestmöglich zu unterstützen, soweit es von den Kindern gewünscht wird.

Erziehung

Unter Erziehung ist früher zu verstehen gewesen, den Kindern Verhaltensregeln und Verhaltensmuster oftmals mit Nachdruck einzuprägen, damit sie im Gefüge der straff strukturierten Gesellschaft konform gehen und so „funktionieren", wie man es von ihnen erwartet. Heute ist dies ganz anders – Regeln gibt es keine, und die Eltern sind auch nicht dazu da, um das Kind zu erziehen, sondern lediglich die Liebe vorzuleben und seine Herzensbildung zu unterstützen und ihm als Beispiel voranzugehen und ihm dadurch bewusst zu machen, was es bedeutet, die göttliche Liebe zu jeder Zeit und in jeder Situation zum Ausdruck zu bringen. Es versteht sich von selbst, dass höfliches, manierliches und wertschätzendes Verhalten darin natürlich enthalten ist. Die Seelen der Kinder haben alle ein hohes Seelenalter und sind daher reif und äußerst weise, und wir fühlen uns nicht befugt, den Kindern vorzugeben, wie sie ihr Leben zu leben haben.

Senioren

Die ältere Generation wurde früher überwiegend als wenig leistungsfähig angesehen, und sowie jemand aus dem aktiven Berufsleben ausgeschieden war, wurde er oftmals als gesellschaftliche Belastung empfunden. Jemand, der keinen wirtschaftlichen Beitrag mehr leistete, war von geringem Wert, und sowie sich Gebrechlichkeit oder Krankheiten eingestellt haben, wurden die Senioren in Pflegeheime gesteckt oder sie in ihrem Zuhause der Einsamkeit überlassen. Heute empfinden wir dies ganz anders, denn die Senioren sind ein enorm wichtiger Bestandteil unserer Gemeinschaft, denn das ganze Potenzial ihrer Weisheit und Lebenserfahrung ist von größtem Wert! Die Senioren sind in unsere große Gemeinschaft wieder voll integriert – wir wissen, dass sie uns allen sehr dienlich sein können, auch wenn sie vielleicht da und dort nicht mehr so leistungsfähig sind wie ein jüngerer Mensch, doch hat sich auch dies verändert, da wir jetzt in der Lage sind, die Gebrechen der älteren Genration zu verbessern bzw. zu heilen. Die Kinder freuen sich enorm über die spannenden Geschichten, die ihnen die Alten erzählen können, um daraus zu lernen. Die Senioren setzen sich besonders für die Kinder ein, denn sie bringen die nötige Geduld auf, den Kindern alles langsam beizubringen, was diese gerne wissen möchten, und sie haben vor allem auch die Erfahrung im Umgang mit den Kindern, was den jüngeren Menschen manchmal fehlt. Zahlreiche ältere Menschen sind somit in den großzügigen Experimentierzonen, die für die Kinder eingerichtet wurden, anzutreffen und haben größte Freude, dort ihren Beitrag zur Entwicklung der Potenziale der Kinder zu leisten und sie zu umsorgen, während die Eltern dadurch frei sind, sich um ihre Lebensaufgaben zu kümmern. Die Potenziale der Senioren zu erkennen, war ein enorm wichtiger Schritt, denn die Weisheit ist das höchste Gut, das ein Mensch erlangen kann.

Umwelt

Natur / Wildnis

Seit sich die Schwingung erhöht hat, sehen wir, dass in allem Leben steckt. Wir erkennen, dass jeder Grashalm, Baum, Fluss, Berg, See und so weiter lebt – alles hat seine ganz spezielle Schwingung und ein Bewusstsein. Ein respektvoller Umgang mit der Natur ist zur Selbstverständlichkeit geworden – wenn wir sie betreten, dann fragen wir um Erlaubnis, und wenn wir etwas aus der Natur für uns entnehmen, so vergewissern wir uns, dass dies auch tatsächlich wieder nachwächst und wir das Einverständnis zuvor erhalten. Erhalten wir dieses nicht, so nehmen wir davon Abstand! Der Artenreichtum hat sich in der Tier- und Pflanzenwelt deutlich erweitert – viel Neues gibt es zu beobachten und zu erkunden. Der entscheidende Unterschied ist der, dass wir in das natürliche Gleichgewicht nicht mehr eingreifen und darauf vertrauen, dass alles ohne unser Zutun sein Gleichgewicht findet. Wir haben verstanden, dass diese Welt nichts anderes braucht, als einfach nur in Ruhe gelassen zu werden. Überall herrscht ein friedliches Nebeneinander und Miteinander. Die Natur und der Mensch bilden eine Symbiose aus Schöpfer und Geschöpf. Der Schöpfer wird von seiner eigenen Schöpfung nicht mehr attackiert. Es gibt somit aus der Natur nichts mehr, was wir fürchten müssten.

Naturwesen / Engel / Sternenbrüder

Die Naturwesen kannten wir bisher nur aus Märchenerzählungen, weil wir sie nicht sehen konnten. Sie waren aber immer da und haben, während wir uns mit allen andern Dingen auseinandergesetzt und uns von unseren Mitbewohnern auf dem Planeten als getrennt erachtet haben, die natürlichen Prozesse und den Kreislauf des Lebens in der Balance gehalten. Sie verdienen unseren höchsten Respekt, doch das Gleichgewicht wurde durch uns so sehr gestört, dass die Wesenheiten nur mehr bedingt dazu in der Lage waren, alles in der Balance zu halten, und daher ist es jetzt umso wichtiger, all jene Bereiche, in denen das Gleichgewicht zu sehr aus der Balance geraten ist, wieder gerade zu richten und für die Heilung zu sorgen, die in der jeweiligen Region erforderlich ist.

Heute sind diese zahlreichen Geschöpfe für uns sichtbar, und es handelt sich dabei um feinstoffliche Wesenheiten, die mit der Erde tief verwurzelt sind, weil sie ihr dienen. Wir haben dies jetzt verstanden und ehren und schätzen diese Wesenheiten sehr, weil es uns besonders wichtig ist, dass die Prozesse wieder voll und ganz in Gang kommen, damit der Planet als Ganzes wieder vollständig gesund ist und auch voll funktionstüchtig, um seine Aufgabe wahrnehmen zu können.

Wir haben eine Vielzahl neuer Freunde gewonnen, denn all jene Begleiter, die schon unser ganzes Leben um uns waren, sind jetzt für uns sichtbar geworden, und so fühlen wir uns geborgen, geliebt und unterstützt durch zahlreiche Wesenheiten auch aus anderen Ebenen, die uns voll Freude in allen Bereichen unseres Lebens mit Rat und Tat zur Seite stehen. So viel Neues haben wir bereits gelernt, und dadurch ist unser Leben außerordentlich einfach geworden. Wir arbeiten mit unseren geistigen Freunden in allen Bereichen unseres Lebens intensiv zusammen und können es kaum erwarten, wieder neuen Besuch aus anderen Sternensystemen willkommen zu heißen. Früher hatten wir Angst vor Außerirdischen, weil uns eingeredet wurde, dass diese alle böse sind und den Planeten ausrauben und uns versklaven oder sogar vernichten möchten – heute hingegen freuen wir uns über jeden Besucher, der reinen Herzens zu uns kommt, um uns zu bereichern oder von uns zu lernen, denn unsere durch die zahlreichen Inkarnationen angesammelte Erfahrung in der Getrenntheit ist für viele Sternenvölker von allerhöchstem Wert, und sie möchten sich daher mit uns austauschen und von uns bereichert werden. So herrscht laufend reger Besucherverkehr aus Ebenen und Dimensionen, die uns bislang völlig unbekannt waren, und auch wir sind herzlich eingeladen, andere Dimensionen und Sternensysteme zu besuchen. Das Leben auf den anderen Planeten ist außerordentlich spannend, weil sich daraus so viele neue Erkenntnisse gewinnen lassen, die wir bereits zahlreich zur Erde gebracht haben, um sie in unser Leben zu integrieren.

Meteorologie / Klima

Seit sich die Erdachse neu ausgerichtet hat, gibt es die früher durch die sich ständig verändernde Sonneneinstrahlung bedingten Jahreszeiten nicht mehr. Geblieben ist hingegen ein den Jahreszeiten ähnlicher Rhythmus in der Natur, der das Leben als ständigen Prozess des Werdens und Vergehens repräsentiert. Der ständige Wechsel zwischen Entstehen, Heranreifen und wieder Vergehen ist überall erkennbar, auch wenn die veränderte Sonneneinstrahlung und die damit verbundenen Temperaturschwankungen für die Veränderungen nicht mehr der Auslöser sind. Mitteleuropa verfügt über ein das ganze Jahr ausgeglichenes, angenehmes Temperaturniveau und ein harmonisches Verhältnis zwischen Sonne und Regen. Es gibt durchaus auch zwischendurch Tage, die etwas kühler sind, doch von Kälte keine Spur, und das früher so energieaufwändige Heizen fällt dadurch völlig weg.

Die Klimazonen haben sich weltweit deutlich verändert – jene Regionen, die bisher zu viel oder zu wenig Niederschlag verzeichneten, haben sich in ihren Extremen deutlich abgeschwächt, und daher sind die Lebensräume für alle Lebewesen sehr viel harmonischer geworden, da die Anpassungen an die oftmals gravierend unterschiedlichen bzw. stark schwankenden Lebensbedingungen nicht mehr erforderlich sind. Es gibt immer noch deutlich unterschiedliche Lebensräume mit den verschiedensten klimatischen Bedingungen, doch Wüsten und Steppen bekommen jetzt sehr viel mehr Niederschläge als zuvor, und jene Regionen, die bislang mit Wasser im Übermaß gesegnet waren, sind spürbar trockener geworden.

Mitteleuropa erlebt ein angenehm gemäßigtes Klima, das in etwa dem bisherigen Jahresmittelwert entspricht und über das ganze Jahr gleichmäßig anhält. In allen Regionen der Erde wurden sowohl bei den Temperaturen als auch bei den Niederschlägen die Spitzenwerte harmonisiert und Schwankungen gibt es nur noch in einem geringen Ausmaß. Wir haben zwischenzeitlich gelernt, auf das Klima in den einzelnen Regionen Einfluss zu nehmen, indem wir Menschen uns mit den Wesenheiten der Natur geeinigt haben, und dank unserer gebündelten schöpferischen Kräfte haben wir uns ein angenehmes klimatisches Umfeld geschaffen, in dem wir uns und die Natur sehr wohlfühlen. Das Leben in freier Natur ist somit für jedermann eine Selbstverständlichkeit, ohne sich darüber Gedanken zu machen, dass das Wetter eine Bedrohung darstellen könnte. Das uns umgebende Energiefeld dient uns als zuverlässiger Schutz vor allen möglichen widrigen äußeren Einflüssen. Wir können darüber die unmittelbare Umgebungstemperatur unseres Körpers beeinflussen und sind somit von den klimatischen Bedingungen unabhängig.

Tiere

Im Reich der Tiere hat sich im Zuge des Aufstiegs eine sehr wesentliche Veränderung ergeben. Von speziell abgerichteten Tierhelfern abgesehen, waren Haustiere in der alten Zeit sehr gerne gesehen – wir wollten sie bei uns haben, um Abwechslung und Unterhaltung zu haben oder weil sie ja so süß sind. Die Haustiere sehen wir heute nicht mehr so, sondern die Tiere sind einfach gesagt freie Wesen, die sich vor dem Aufstieg bereiterklärt haben, mit uns diesen Entwicklungsweg zu gehen. Die Zahl der Tiere, die unmittelbar mit uns Menschen leben, ist stark zurückgegangen. Das Tier an unserer Seite ist nicht mehr unser Haustier, dem wir alles vorgeben, was es zu tun hat, sondern die Tiere sind unsere Partner. Auch die Wildtiere sehen uns nicht mehr als Gefahr an. Wir verstehen sie als Seelen, die ihren Erfahrungsweg in der Natur absolvieren, und sie können, wenn sie es gerne möchten und das mit uns abgesprochen ist, zu uns kommen, um mit uns Zeit zu verbringen. Die Kommunikation miteinander ist jederzeit möglich. Tiere sind liebevolle Wesen, die mit uns gemeinsam etwas erleben möchten, um uns und sich selbst zu bereichern und dadurch Liebe zu geben und von uns zu empfangen. Die Tiere helfen uns, diese Welt noch besser verstehen zu lernen, und dank ihrer lernen wir, wie das Leben bzw. die Schöpfung von neuem Leben funktioniert. All dies geschieht allerdings ganz im Gegensatz zu früher, ohne den Tieren dabei Leid zuzufügen!

Die Natur mitsamt der Tier- und Pflanzenwelt ist ein in sich geschlossener Kreislauf. Die Menschenwelt war in der alten Zeit von der Tier- und Pflanzenwelt abhängig, die Natur hingegen hat uns nicht gebraucht. Wir waren früher der Fremdkörper, und dieser Fremdkörper hat sich nun in den Rang des Schöpfers erhoben, und jetzt treffen diese Welten zusammen, um voneinander zu lernen und zu profitieren.

Es gibt zahlreiche Gattungen von Tieren – sehr viele mehr als vor dem Aufstieg. Zahlreiche Tierarten haben uns im Zuge des Aufstiegs verlassen, dafür sind viele neue Tierarten mit uns in diese neue Welt gekommen. Die Tiere, die jetzt auf der Erde leben, haben eines gemeinsam – sie sehen sich nicht mehr als Konkurrenten um das Futter, denn auch in der Tierwelt ist das Bewusstsein verändert worden, obwohl die Veränderungen nicht so dramatisch waren wie in der Welt der Menschen. Die neuen Tiere sind nicht mehr darauf aus, das Futter, das sie brauchen, von anderen Tieren zu erlangen, indem sie als Räuber auftreten, sondern sie arbeiten langsam, aber sicher daran, alles aufzugeben, was sie noch als Tier zu erkennen gibt. Die Tiere haben auf dem Weg in die neue Welt eine weitere Veränderung erfahren, die jetzt klar und deutlich zum Ausdruck bringt, dass sie in der neuen Welt keinerlei andere Ziele mehr haben, als die letzte Stufe ihres Daseins als Tier zu absolvieren, bevor sie andere Ebenen erklimmen und sich aus dem Reich der Tiere heraus entwickeln. Auch dafür war der Aufstieg nötig, um ihnen neue Entwicklungsmöglichkeiten zu erschließen. Die Tiere sind heute als Seelen zu sehen, die genauso wie wir Menschen auf der Erde ihren Weg in eine höhere Entwicklungsebene anstreben.

Ernährung

Früher bestand unsere Nahrung zu einem großen Teil aus dem Fleisch eigens dafür gezüchteter Tiere – heute achten und ehren wir die Tiere und arbeiten mit ihnen zusammen. Unser Bewusstsein lässt es nicht mehr zu, Tiere einzusperren, an ihnen zu experimentieren und ihnen in irgendeiner Form Leid zuzufügen. Die Stallungen der Bauern sind nahezu leer – die wenigen verbliebenen Tiere haben sich freiwillig dazu bereiterklärt, mit uns zusammenzuarbeiten und uns in verschiedenen Bereichen behilflich zu sein. Wir sind ihnen sehr dankbar und sorgen dafür, dass es ihnen an nichts fehlt. Wir würden niemals mehr auf die Idee kommen, ein Tier zu schlachten, um es zu verzehren.

Unsere Körper haben sich verändert und können nun sehr viel mehr Licht aufnehmen als vor dem Aufstieg. Wir sind dadurch nicht mehr auf die Aufnahme von feststofflicher Nahrung angewiesen und können unseren Körper alleine über Lichtnahrung mit allem versorgen. Essen ist nicht mehr überlebensnotwendig, sondern nur noch ein Genuss. Wir genießen den Geschmack von frischem Gemüse und saftigen Früchten und freuen uns über jede liebevoll zubereitete Speise, die uns die Natur in unserer Region zum Geschenk macht. Kochen ist Kunst, und es wird in allen nur erdenklichen Geschmacksrichtungen experimentiert. Ständig entstehen neue, köstliche Kreationen, die unsere sensiblen Geschmacksnerven in Verzückung versetzen. Essen entspricht der Aufnahme von Energie, und Energie ist letztlich nichts anderes als Leben.

Bewusstseinsverändernde Substanzen

Vor dem Aufstieg haben viele Menschen ihr Leben nur mehr schwer ertragen können und wussten sich nicht anders zu helfen, als durch den regelmäßigen Konsum von Alkohol, Drogen etc. zumindest für einen gewissen Zeitraum dem als frustrierend empfundenen Alltag in der Dualität zu entfliehen. Die Menschen, die sich nicht mehr anders zu helfen gewusst haben, die wussten generell auch nichts mit dem Leben in der 5. Dimension anzufangen und haben sich gegen den Weg in die neue Zeit entschieden. Durch die permanente Betäubung ihres Geistes konnten sie sich nicht dafür rüsten, denn sie konnten die Aufgaben nicht erkennen, die ihnen gestellt wurden und die zur Erlangung der Meisterschaft unbedingt zu absolvieren erforderlich waren. Die Substanzen dienten nur der Betäubung, und jeder wache Geist möchte sich nicht betäuben, denn es ist ihm zu wichtig, all seine Potenziale zu entfalten, über sich selbst hinauszuwachsen und das Leben in einer immer noch höheren Dimension zu erfahren. Diese Substanzen sind dadurch in der neuen Welt nicht mehr von Bedeutung. Selbst die zum Genuss zählenden Getränke, die Alkohol enthalten, werden bewusst nicht mehr hergestellt, denn alles, was den Geist benebelt, wird vermieden, denn unsere schöpferischen Kräfte sind nicht zu unterschätzen! Der Genuss ist auf vielen Ebenen so vielfältig und intensiv geworden, dass wir darauf gerne verzichten können.

Trinkwasser

Das Element Wasser war und ist die Grundlage allen Lebens, denn ohne Wasser kann nichts existieren! Das neue Leben beinhaltet zwar ebenso Wasser wie in der Vergangenheit, doch hat es sich etwas verändert, denn das Trinkwasser ist im Gegensatz zum normalen Brauchwasser angereichertes Wasser, das höchste Energien in sich trägt, die unser Körper aufnimmt. Das Wasser ist energetisiert, weil wir danach trachten, nur die höchste Qualität an Schwingung in uns aufzunehmen, daher ist es so sehr von Bedeutung, dass das Wasser absolut rein ist und wir uns darum bemühen, die Schwingung im Wasser zu optimieren. Es gibt viele Methoden, um das Wasser zu energetisieren, um damit Lebensfreude aufzunehmen – Wasser ist Leben, und höchste Schwingung ist höchste Entwicklung von Leben.

Das Wasser aus den Wasserleitungen ist dafür nicht gut genug – wir möchten eine viel höhere Qualität. Unser Trinkwasser hat seinen

Ursprung in den Bergen, und es wird für alle Menschen dort geholt, um allen die Möglichkeit zu geben, nur das beste Wasser in sich aufzunehmen. Die Quellen werden zusätzlich mit der Kraft der Kristalle veredelt, indem wir diese bitten, ihre Energie in die Quelle einzuspeisen. Wir bereiten auf diese Art und Weise Trinkwasser für alle Menschen in der ganzen Welt auf, damit alle nur das beste Wasser bekommen können. Die Regionen, die selbst keine Berge haben, werden trotzdem mit diesem Wasser versorgt, und es ist ein Leichtes geworden, das Wasser zu transportieren. Wir brauchen dafür keine Leitungen oder Lastkraftwagen mehr, denn das Wasser lässt sich ganz einfach auf seinen Weg bringen, indem es eine Adresse bekommt und von selbst seinen Weg dorthin findet. Mittels geistiger Kommunikation kann das Wasser von A nach B gebracht werden, auch wenn große Distanzen dazwischen liegen.

Landwirtschaft

Eine der größten Veränderungen hat sich im Bereich der Landwirtschaft ergeben – zuvor wurden Pflanzen möglichst ertragreich und in Monokulturen auf begradigten und für schweres Gerät leicht zugänglichen Äckern angepflanzt und mit zahlreichen Chemikalien im Wachstum unterstützt und vor Schädlingen geschützt. Alles verlief möglichst konform nach den Vorgaben der alles dominierenden Agrarförderprogramme. Das Kultivieren von allen möglichen, schon lange verlorengeglaubten Sorten von Gemüse, Obst, Getreide und vielem mehr ist uns eine ganz besondere Freude. Seitdem kein Viehfutter mehr angebaut wird, werden riesige Flächen nicht mehr bestellt und somit an die Natur zurückgegeben. Ein Umdenken in der Landwirtschaft hat da und dort bereits vor dem Aufstieg begonnen, doch wurde dieser Bereich durch eine intensive Zusammenarbeit mit den Naturwesenheiten erneut revolutioniert. Die zahlreichen bizarren Wesenheiten, deren Aufgabe darin liegt, die natürlichen Prozesse am Laufen zu halten, haben uns bislang unvorstellbare Möglichkeiten eröffnet.

Durch diese intensive Zusammenarbeit konnten uralte Sorten wiedergewonnen werden, und eine grandiose Vielfalt ziert die Anbauflächen. Die Monokultur wurde von einem bunten Treiben unzähliger Pflanzen abgelöst, die voll Freude in unmittelbarer Nachbarschaft zueinander gedeihen. Durch den Wegfall des Winters kann nun auch in unseren Breiten das ganze Jahr über, mit Rücksichtnahme auf den natürlichen Rhythmus, gepflanzt und geerntet werden. In Zusammenarbeit mit den Pflanzen und den Naturwesen sind auf verhältnismäßig kleinen Flächen außerordentlich große Erträge zu erzielen. Neben den bisher bekannten Sorten sind zahlreiche neue Pflanzen bei uns heimisch geworden, die zu unserer großen Freude viel Abwechslung und neue Gaumenfreuden auf unsere Teller bringen. Auf den bisherigen Beton- und Asphaltflächen in den Städten bzw. den Flächen, auf denen ehemals Gebäude gestanden sind und die zu Grünflächen umgewandelt wurden, wird von den in der Stadt lebenden Menschen fleißig experimentiert und alle möglichen Köstlichkeiten angebaut. Alles wurde begrünt und selbst auf Dächern gedeihen prachtvolle Gärten.

Früher haben sich Regionen oftmals auf die Kultivierung weniger Nutzpflanzen beschränkt und alles andere von weither importiert. Heute ist die Vielfalt das oberste Ziel in der Region, damit wirklich alles, was die Region braucht, auch in der Region hergestellt werden kann.

Bauern

Die Rolle der Bauern hat sich grundlegend verändert! Früher wurde ihre Arbeit geringgeschätzt, und kaum jemand hat ihnen die Wertschätzung entgegengebracht, die sie für ihre Arbeit zur Ernährung der gesamten Weltbevölkerung verdient hätten. Ihre Arbeit wird jetzt umso mehr geschätzt, und durch die zahlreichen freiwilligen Helfer, die sich laufend anbieten und Interesse an ihrer Arbeit zeigen, enorm erleichtert und ihr Leben vereinfacht. Massenproduktion war gestern – heute zählt das Individuelle und das Außergewöhnliche!

Heute geht es nicht mehr darum, möglichst viel Ertrag aus den Böden zu erwirtschaften, sondern nur so wenig Fläche wie möglich für die Nahrungsmittelproduktion für die Region zu beanspruchen, um der Natur den größtmöglichen Freiraum zu lassen. Bauern sind Landschaftskünstler, und ihr Hauptinteresse liegt darin, die Natur immer besser zu verstehen und möglichst ganz mit ihr zu verschmelzen. Bauern reisen viel in andere Regionen, um sich mit ihren Kollegen auszutauschen und neue Erkenntnisse zu gewinnen und die eigene Region mit neuen Sorten zu bereichern. Laufend werden neue Kreationen geschaffen, die sich durch Form, Farbe, Wirkung auf Mensch und Tier und einen besonderen Geschmack auszeichnen. Unsere Bauern trachten gemeinsam mit den Menschen in der Region danach, ein völlig neues Arsenal an Pflanzen zu erschaffen, damit wir eine Vielfalt an Pflanzen um uns haben und uns an ihren Möglichkeiten erfreuen. Die Pflanzen dienen uns in mehrfacher Hinsicht: Sie dienen als vielseitige, wohlschmeckende Genussmittel, als vitalstoffreiche Nahrung für den Körper sowie als Heilmittel, und sie eröffnen uns alle Möglichkeiten, um die Pflanzen als Ganzes besser verstehen zu lernen und in die Lage versetzt zu werden, neue Schöpfungen zu vollbringen.

Saatgut

Früher haben große Konzerne manipuliertes Saatgut an die Bauern geliefert, das zwar gute Erträge gebracht hat, für eine neuerliche Aussaat jedoch nicht geeignet war. Die Abhängigkeit wurde demnach immer größer und die Konzerne immer mächtiger und reicher. Durch die Industrialisierung sind zahlreiche uralte Kulturpflanzen in Vergessenheit geraten bzw. ausgestorben.

Das Leben mit dem Saatgut aus der Fabrik wäre für uns Menschen bald verhängnisvoll geworden, denn wir hatten aus dem riesigen Angebot der Natur nur einen kleinen Bruchteil als Nahrungsmittel zur Verfügung, doch das breite Spektrum an Pflanzen ist für die Gesundheit der Natur und uns Menschen von größter Bedeutung, auch wenn viele nicht so ertragreich angepflanzt werden können. Das Anpflanzen von Saatgut aus der Fabrik hat darüberhinaus den Nachteil, dass durch die Manipulation die Triebe nicht so widerstandfähig sind, wie sie in der Natur sonst gewesen wären – das bedeutet, dass sie viel mehr Chemie brauchen, um überhaupt aus dem Boden sprießen zu können. Das neue Leben beinhaltet wieder die natürliche Vielfalt, und es wurden die alten Pflanzensorten wieder zurückgeführt. Mit Hilfe unserer Gefährten aus dem Reich der Naturwesen war es möglich, dass aus dem manipulierten Samen wieder die Urpflanze zum Vorschein kam. Das bedeutet, dass die Vielfalt wieder eingekehrt ist und dass die Samen aus der Natur kommen und nicht mehr aus der Fabrik. Das Ziel ist jetzt nicht mehr die finanziell möglichst ergiebige Bewirtschaftung, sondern der Dienst an der Natur und der Gesundheit der Menschen. Das Leben ist für uns jetzt viel einfacher geworden, denn nur ein paar Tage vergehen, damit das Saatgut bereits sprießt, und in sehr kurzer Zeit können Früchte geerntet werden, die sonst ein ganzes Jahr gebraucht hätten, um überhaupt eine entsprechende Größe und Reife zu erreichen, um geerntet werden zu können. Seit dem Aufstieg geht es nicht mehr um den Erhalt des eigenen Lebens, sondern alles dreht sich in erster Linie darum, durch die verschiedensten Aktivitäten und Beiträge von Gruppen und Einzelnen Mutter Erde einen Dienst zu erweisen.

Materialien / Bergbau / Bodenschätze

In der alten Welt war die Herstellung diverser Materialien teilweise sehr aufwändig und langwierig, und immer ging es darum, möglichst preisgünstig zu produzieren. Die Erde hat uns zahlreiche Bodenschätze zur Verfügung gestellt, die jedoch nur in einem limitierten Ausmaß zur Verfügung stehen. Durch die Veränderungen in der Schwingung hat auch die Dichte der Materialien abgenommen und dadurch ist die Bearbeitung sehr viel einfacher geworden. Alles fühlt sich ganz anders an als bisher, und auch die Bearbeitung ist vereinfacht, weil wir die

Materialien nicht mehr als tote Materie betrachten, sondern darin das Lebewesen erkennen, das uns dabei hilft, die gewünschte Form anzunehmen, indem es auf unsere Gedanken reagiert und sich dadurch leichter formen lässt und bereitwillig Verbindungen eingeht. Die Materialien können durch Gedankenkraft in ihrer Form und Zusammensetzung verändert werden – die chemische Zusammensetzung ist damit beeinflussbar und alle Materialien reagieren auf das, was wir ihnen vorgeben. Unsere Sternenbrüder haben uns angeleitet, dies möglichst schnell zu erlernen und dadurch vieles einfacher zu gestalten.

Ein wichtiger Zweig, seine Berufung zu leben, ist die Erforschung neuer Materialien, die unser Leben nach und nach auch aus technischer Sicht revolutionieren. Wir trachten danach, absolut alles wiederzuverwerten – die Menge an Recyclingmaterial, die wir aus der alten Welt mitgenommen haben, ist enorm, und daraus entstehen dank unserer Freiheit und den weggefallenen sonstigen Einschränkungen hervorragende neue Kreationen, die an Schönheit und Funktionalität im Vergleich zur alten Welt nicht zu überbieten sind. Wir entnehmen Mutter Erde keinerlei Bodenschätze mehr – selbst nachwachsende Ressourcen werden möglichst sparsam und nur mit dem vollsten Einverständnis der Natur für unsere Zwecke entnommen, und es wird dafür gesorgt, dass der Urzustand umgehend wiederhergestellt wird. Zahlreiche schon in Vergessenheit geratene Nutzpflanzen wurden wiederentdeckt und in allen Regionen kultiviert, um daraus die Gegenstände unseres täglichen Bedarfs wie z.B. Textilien aller Art und all die diversen Gegenstände, die sich in unseren Wohnungen und Häusern befinden, herzustellen. Für Gegenstände, die Materialien mit besonderen Eigenschaften und äußerste Präzision erfordern, haben wir unseren bisherigen Kunststoffen ähnliche Materialien entwickelt, die auf rein natürlicher Basis hergestellt werden und auch wieder bedenkenlos in den natürlichen Kreislauf zurückgeführt werden können.

Die Wunden, die wir Mutter Erde in der Vergangenheit durch den Abbau von Bodenschätzen zugefügt haben, sind zahlreich und tief. Vieles, wovon wir früher geglaubt haben, dass es sich physisch niemals wiederherstellen lässt, kann jetzt erfreulicherweise wieder rückgängig gemacht werden. Und es bedarf an zahlreichen Stellen der Erde der Heilung, die wir auf energetischer Basis und durch Rückführung verschiedenster Materialien erbringen. Dies ist immer noch ein sehr wesentlicher Teil unserer Arbeit, um dafür zu sorgen, dass Mutter Erde wieder vollständig geheilt wird. Wir haben bereits sehr große Fortschritte gemacht, doch wird es noch einige Jahre brauchen, um diese Arbeit vollständig abzuschließen.

Strukturen

Zeit

Ich erzähle aus der nahen Zukunft – wenige Jahre nach dem Aufstieg.

Es beginnt soeben ein ganz normaler Tag in der neuen Zeit. Die nächtliche Ruhephase geht zu Ende und die Sonne sendet ihr Licht in einen neuen Tag. Ich erwache nicht, weil ein Wecker läutet, sondern ich öffne meine Augen, weil mein Körper völlig erholt, entspannt und mit Lebensenergie aufgeladen ist. Aufgewacht bin ich, weil mein innerer Rhythmus dies bestimmt hat und ich jetzt für die aktive Phase des Tages bestens gerüstet bin. Die Natur, alle Tiere und Pflanzen, haben ihren eigenen Rhythmus, dem jeder intuitiv folgt und auf die Impulse, die uns der Körper sendet, achtet. Der Gregorianische Kalender wurde ebenso abgeschafft wie die künstliche 12:60er Zeitrechnung. Das Diktat der Zeit wurde abgeschafft und alle Menschen leben nun angebunden an die kosmische Zeit, die nicht mit einer Uhr oder einem Kalender dargestellt wird. Wir haben verstanden, dass die Zeitrechnung in dieser alten Form völlig überflüssig ist, und somit sind Wochentage, Kalenderwochen, Monate und selbst Jahre nicht mehr von Bedeutung. Vergleichbar mit dem bekannten Mondkalender ist Zeit eine Energiequalität und nicht eine Maßeinheit. Alles lebt im Moment – im Hier und Jetzt – und folgt dem biologischen Rhythmus, so wie es in der Natur immer schon der Fall war. Die einzige Orientierungsgröße ist die Zeitqualität, die einzigartige Energiequalität, die der Tag mit sich bringt und ihn zu etwas Besonderem macht. An den Tagesenergien ist zu erkennen, welche Art von Tätigkeiten für den heutigen Tag am günstigsten sind, weil sie durch die Tagesenergien entsprechend unterstützt werden. Alle Menschen haben dies verstanden und jeder lebt danach, da es zu seinem eigenen und dem höchsten Wohl von allen ist. Es ist uns das intuitive Wissen gegeben, wann es an der Zeit ist, etwas zu tun. Sich zu einem bestimmten Zeitpunkt, den nicht die Uhr vorgibt, zu verabreden, ist somit nicht mehr erforderlich, weil jeder spürt, wann dafür der richtige Zeitpunkt in Form von deutlich erkennbarer Zeitenergie gegeben ist. Unser gesamtes Leben hat sich völlig entschleunigt – dies fühlt sich großartig an, denn die Hektik des Alltags ist dadurch völlig verschwunden – jeder ist entspannt und hat ausreichend Zeit für menschliche Begegnungen und alles, was wahrhaftig von Bedeutung ist.

Eigentum

In der alten Welt drehte sich vieles um Macht, Geld und Besitz. Macht wurde benutzt, um zu noch mehr Macht und materiellem Reichtum zu gelangen. Jeder versuchte seinen Besitz möglichst abzusichern und vor Raub und sonstigem Verlust zu schützen. Heute fühle ich mich so wie alle anderen Menschen nicht mehr als Eigentümer von all dem, was ich in Verwendung oder in Besitz genommen habe. Mein Aufenthalt auf der Erde ist vorübergehend und für diese Zeit wird mir von Mutter Erde alles zur Verfügung gestellt, was ich für mein Leben und meine selbst gewählte Erfahrungswelt brauche. Es ist mehr als genug für alle da, und alle meine Mitmenschen haben die gleichen Rechte wie ich, soweit uns Rechte von Mutter Erde eingeräumt wurden. Ich besitze somit gar nichts – ich bin ein Gast mit Nutzungsrechten und habe daher auch keinen Bedarf, meinen Besitz abzusichern und zu schützen. Das Recht, alles zu verwenden, was uns gegeben ist, ist selbstverständlich nicht immer so zu sehen, dass man auch alles für sich alleine benutzen kann und es den anderen vorenthält, sondern es ist dazu vorgesehen, dass wir alles haben können, was wir brauchen und haben möchten, und dass alles allen gehört, damit wirklich alle die gleichen Möglichkeiten haben. Das neue Leben ist auf einem ständigen Austausch von Fähigkeiten, Leistungen und Materialien aufgebaut, die der eine in Verwendung hat oder konsumiert und dafür eine andere Leistung, Tätigkeit oder eben ein anderes Material der Allgemeinheit zur Verfügung stellt. Nichts gehört einem Einzelnen, sondern alles gehört immer allen, und jeder hat immer die gleiche Möglichkeit, um aus dem großen Ganzen für sich das herauszunehmen, was er vorübergehend für sich benötigt.

Gesetze

Abgesehen von den Grundrechten dienten die meisten von Menschen gemachten Gesetze der Regelung von Rechten, die im weitesten Sinne mit dem Schutz von Eigentum und Geldwerten in Verbindung standen, und haben dadurch die Freiheit und Entwicklungsmöglichkeiten anderer eingeschränkt. Ein großer Anteil der Gerichtsverfahren war Streitigkeiten über geistigen und physischen Besitz bzw. Geld geschuldet. Heute haben wir keine Gesetze mehr – alles läuft harmonisch, weil sich niemand mehr an seinem eigenen Vorteil orientiert und auf sein Recht pocht, sondern wir agieren als Einheit, wo jeder in seiner individuellen Art und Weise das Wohlergehen von allen berücksichtigt. Sofern unterschiedliche Meinungen aufeinandertreffen, gibt es immer eine Lösung. Alle sind an einer Lösung interessiert, denn nur wenn es wirklich jedem Einzelnen gut geht, geht es der Gemeinschaft gut. Die kosmischen Gesetzmäßigkeiten sind uns allen bewusst und wir kennen deren Wirkung auf unser Leben – somit ehren wir diese und leben danach. Der Grundsatz unseres Lebens lautet: Geht nicht, gibt s nicht – alles ist möglich! Es gibt immer einen Weg, und wenn jemand etwas erreichen möchte, so ist dies auch machbar und alle helfen mit, um das Ziel zu erreichen. Das neue Leben bietet in dieser Hinsicht keinerlei Regelungen mehr, denn alles, was geregelt ist, hat eine Grenze, und Grenzen sind nicht mehr zulässig, denn sie schränken ein, und jede Einschränkung limitiert die Entwicklung des Einzelnen – daher gibt es keine Limits mehr, die zu beachten sind – absolut alles ist genehmigt, sofern es dem höchsten Wohl aller entspricht!

Vorschriften / Normen

Unsere alte Welt kannte Abertausende von Vorschriften und Normen, die eine freie Entwicklung oftmals erschwert oder gar unmöglich gemacht haben. Zahlreiche Normen dienten zwar in erster Linie der Sicherheit und um andere vor körperlichen und finanziellen Schädigungen zu bewahren, doch wurden sie letztlich auf dem Umstand aufgebaut, dass früher damit gerechnet werden musste, dass sich jemand auf Kosten anderer einen Vorteil verschafft oder jemandem bewusst einen Schaden zufügt oder mindere Qualität liefert, um mehr Gewinn zu machen. Alles dies ist aus unserem Leben gewichen, und wir kennen nurmehr die absolute Freiheit, alles zu tun, was uns in den Sinn kommt. Die einzige Norm ist das höchste Wohlergehen aller – dies ist die Basis aller Bestrebungen und Handlungen. Mögliche Gefahren für andere werden durch die gesteigerte Wahrnehmung sofort erkannt und sind somit ausgeschlossen.

Länder / Staaten / Regionen / Grenzen

Grenzen sind etwas, das die alte Welt erfunden hat, denn es gab sie in Wahrheit nie! Die Grenzen, die uns auferlegt wurden, dienten nur dazu, uns von den andern als getrennt zu erachten, denn nur über die Trennung war es möglich, gegeneinander zu kämpfen, egal ob wirtschaftlich oder in Form eines Krieges. Sämtliche territorialen Grenzen wurden vollständig aufgelöst. Die frühere Unterteilung in

Nationen und Bündnisse wurde aufgehoben, und es gibt keine souveränen Staaten mehr, die nur an ihr eigenes Wohl denken, sondern es gibt nur noch eine Vielzahl von Regionen, die mit ihren Nachbarregionen intensiv zusammenarbeiten. Die Regionen sind sehr kleinräumig zu sehen und verfügen über keine klar definierte Grenze, sondern lediglich einen fließenden Übergang zu den Nachbarregionen. Oftmals wurden Regionen, die früher durch eine Landesgrenze getrennt waren, wieder zusammengeführt, weil sie aus z.B. geographischen Gründen eine logische Einheit bilden. Institutionen wie die Europäische Union oder die Vereinigten Staaten von Amerika und alle anderen wurden aufgelöst. Alles besteht nur mehr aus einem großen Netzwerk unzähliger Regionen, die alle völlig autonom agieren und sich mit allem selbst versorgen können. All die Regionen arbeiten mit ihren Nachbarregionen eng zusammen und pflegen in weite Teile der Welt die besten Beziehungen, um voneinander zu lernen und sich regelmäßig auszutauschen, um neue Erkenntnisse zu erlangen, die allen Regionen gleichermaßen zugutekommen. Alle zusammen bilden eine große Familie!

Politik / Verwaltung

Der Wegfall des Geldes hat die öffentlichen Verwaltungsapparate überflüssig gemacht. Die Parteien wurden ebenso aufgelöst, wie es keine Politiker mehr gibt. An die Stelle der Politik sind regionale Räte getreten, die sich nicht mehr durch Konkurrenzkampf und das Erlangen von Macht auszeichnen, sondern nur ein einziges Ziel kennen – das höchste Wohl aller in der Region. Es gibt auch keine Wahlen mehr, denn die Räte setzen sich aus Menschen zusammen, die im Rahmen von Informationsveranstaltungen vorgeschlagen und bekanntgemacht werden, die nicht von sich aus in den Rat einziehen wollen, sondern von den Menschen in der Region darum gebeten werden, weil sie sich durch besonderes Expertenwissen und viel Erfahrung in einem oder mehreren für alle wichtigen Bereich und darüberhinaus durch große Weisheit auszeichnen. Die Wahl erfolgt

nicht mehr anhand von Entscheidungskriterien und künstlich auf-
gebauschten Wahlsprüchen wie in der Vergangenheit, sondern unsere stark gesteigerte Wahrnehmungsfähigkeit lässt uns erspüren, wer
für eine Aufgabe die richtige Persönlichkeit ist. Natürlich müssen
diese Personen zuerst gefragt werden, ob sie sich für diese sehr eh-
renvolle und noch mehr verantwortungsvolle Aufgabe zur Verfügung stellen möchten, denn auch hier ist der freie Wille das höchste
Gut! Die Zusammensetzung des Rates in den Regionen ist regional
sehr unterschiedlich. Je nach Größe der Region und der Anzahl der
dort lebenden Menschen sowie geographischer Gegebenheiten bestimmt sich die Anzahl der Mitglieder im Rat. Wichtig zu erwähnen
ist, dass die Menschen in der Region die Verantwortung für ihr
Wohlergehen selbst tragen und nicht wie in der Vergangenheit an
die Politiker abgeben. Jeder trägt die Verantwortung für sich selbst,
und wenn jemand Hilfe benötigt, so wird er dies kundtun und von
allen Seiten sofort die Hilfe erhalten, um die er bittet, denn das
Wohlergehen jedes Einzelnen ist uns sehr wichtig, doch es drängt
sich niemand auf. Jeder kann mit dem Rat in Verbindung treten
und zusammenarbeiten. Jeder wird gehört, und es wird immer eine
Lösung gefunden, mit der alle glücklich sind.

Die Ratsmitglieder haben hier eine wichtige koordinative Aufgabe, um die wichtigen Prozesse in der Region am Laufen zu halten.
Sie suchen nach neuen, immer besseren Lösungen, damit das Leben
für alle so angenehm wie möglich gestaltet und die Gemeinschaft
möglichst spannungsfrei funktionieren kann. Dies selbstverständlich
in absoluter Harmonie mit der Natur. Sie erfüllen aber auch Aufgaben, die weit über die Region hinausgehen, denn die internationale
Zusammenarbeit ist sehr wichtig, da die Regionen natürlich über
Besonderheiten verfügen, die in anderen Regionen vielleicht so noch
nicht entdeckt wurden, und daher ist der Austausch unter den Regionen weltweit von großer Bedeutung.

Die allgemeine Verwaltung konzentriert sich auf ein absolutes
Minimum, denn die Freiheit des Einzelnen ist uns sehr wichtig und
es darf keinerlei Hürden geben, die den Einzelnen in seiner Ent-

wicklung hemmen. Die Ratsmitglieder sind zugleich die Vorsitzenden mehrerer Arbeitsgruppen, die in den jeweiligen Bereichen im gegenseitigen Einvernehmen mit den Menschen in der Region all das umsetzen, was beschlossen wurde, wobei das maßgebende Kriterium für jede Entscheidung das höchste Wohl aller ist! Die übergeordneten Hauptbereiche, die zumeist durch je ein Ratsmitglied verantwortlich abgedeckt werden, sind folgende:

➤ Nachdem die größte Neuerung in unserer Welt die spirituelle Komponente ist und wir darüber die größten Fortschritte in unserer Entwicklung machen konnten, ist die weitere spirituelle Entwicklung aller Menschen der an erster Stelle stehende Bereich, denn darüber können viele Bereiche, die bisher den größten Aufwand dargestellt haben, besonders schnell vereinfacht und gelöst werden. Die geistige Komponente bekommt einen immer höher werdenden Stellenwert in unserem täglichen Leben.

➤ Eine in der alten Zeit stark vernachlässigte Komponente ist die Arbeit mit der Natur. Dies macht uns allen sehr große Freude, denn dabei geht es nicht nur um die Versorgung mit allen möglichen Köstlichkeiten, die wir mit viel Genuss verzehren, sondern hier geht es um eine Symbiose aus Mensch und Mutter Erde. Wir können das Leben ohne den Kontakt zur Natur nicht mehr voll und ganz genießen, denn wir sind so intensiv mit all dem verbunden, dass wir tagtäglich in der Natur sein müssen, weil es unser Bewusstsein und die Freude daran von uns verlangt. Die Koordination des Anbaus an den richtigen Plätzen und die gleichmäßige Verteilung aller Köstlichkeiten sind hier die Aufgabenbereiche des jeweiligen Ratsmitglieds.

➤ Das Handwerk ist wiederauferstanden, und es wurde um die geistige Komponente erweitert, denn es geht nicht mehr einfach nur darum, ein Produkt herzustellen, das einen bestimmten Zweck erfüllen soll, sondern es geht darum, den größtmöglichen

Nutzen für die Menschen zu erarbeiten, die das Produkt verwenden. Dabei ist zu berücksichtigen, dass wir nicht in Masse produzieren, sondern alles individualisieren und mit viel Liebe zum Detail ans Werk gehen. Die Materialien können nicht nur mit unseren Werkzeugen geformt werden, sondern durch unseren Geist beeinflussen wir den Werkstoff und bilden hier ebenso eine Symbiose aus Grundmaterial, künstlerischer Verarbeitung und Nutzen für den Anwender. Die höchstmögliche Schwingung im Fertigprodukt ist ein weiteres bedeutendes Ziel. Damit in der Region das nötige Wissen und die Handwerkskunst vertreten ist, gibt es ein Ratsmitglied, das einerseits selbst über großes Wissen und künstlerische Fähigkeiten verfügt und zum anderen weltweit nach weiteren Bereicherungen und neuen Möglichkeiten sucht und in Gruppenarbeit Neues erforscht.

➤ Das Leben in der neuen Zeit ist um vieles einfacher geworden, und die Notwendigkeit, Schutz zu finden, ist nicht mehr in dem Ausmaß gegeben, wie es früher der Fall war. Die Funktion unserer Häuser und Wohnungen, die uns vor Gefahren aus der Natur und ungebetenen Gästen, die sich an unserem Eigentum vergreifen, weitgehend geschützt haben, hat sich maßgeblich verändert. Wir trachten danach, dass alle Gebäude, die derzeit nicht wirklich sinnvoll genutzt werden, aus den Verankerungen gerissen werden, denn es ist nicht vorgesehen, dass wir wieder so tief in die Erde eingreifen, stattdessen haben wir begonnen, den Erdboden zu entlasten und uns darauf zu beschränken, in einem Zuhause zu wohnen, wo die Möglichkeiten gegeben sind, ganz sanft in die Umgebung integriert zu leben, ohne der Natur Lebensraum im großen Ausmaß zu entnehmen. Der Auftrag an den Rat ist, neue Möglichkeiten zu erarbeiten, wie möglichst sanft und in Einklang mit der Natur Wohnraum und sonstige Gebäude geschaffen werden können und wir Menschen nicht die Natur aus unseren Räumlichkeiten ausschließen, sondern uns selbst unauffällig und harmonisch in die Natur integrieren.

Grundstücke

In der alten Zeit waren Grundstücke peinlichst genau in einzelne größere und kleinere Parzellen unterteilt, die unterschiedlichste Menschen ihr Eigentum nannten, weil sie oder ihre Vorfahren diese irgendwann für Geld erworben haben. Zahlreiche Grundstücke wurden bebaut, um dort einzelne Häuser oder Wohnblöcke zu errichten. Auf die Bedürfnisse der Natur wurde dabei zumeist nur soweit Rücksicht genommen, wie Menschen eventuell gefährdet werden könnten. Heute gibt es kein Eigentum mehr, denn wir alle sind Gäste auf der Erde und freuen uns, dass wir hier sein dürfen, um das Leben zu genießen. Sofern wir planen, in einer Gegend etwas zu errichten und dadurch in die Natur einzugreifen, halten wir einen Rat ab, zu dem die Naturwesen dieser Region eingeladen werden und wir unsere Pläne darlegen, um zu erfahren, ob wir dadurch das Gleichgewicht der Natur stören bzw. Wesenheiten ihren Lebensraum nehmen. Nur wenn wirklich alle einverstanden sind, setzen wir unsere Pläne so schonend wie möglich um. Alle Flächen, die wir nicht mehr brauchen, geben wir der Natur zurück. In unserer Wahrnehmung waren wir früher stark eingeschränkt – heute spüren wir, dass gewisse Bereiche Heilung benötigen oder eine wichtige Funktion im Kreislauf der Natur einnehmen, und somit ziehen wir uns schnellstmöglich aus diesen Arealen zurück und stellen möglichst den Urzustand wieder her. Das neue Leben dient in erste Linie allen und nicht dem Einzelnen – somit ist es auch von Bedeutung, dass die Grundstücke dafür verwendet werden, wofür sie immer schon vorgesehen waren. Zahlreiche Regionen waren niemals für den Menschen vorgesehen, somit sind wir in Bereiche eingedrungen, die wir nicht hätten betreten sollen. Bisher waren wir auf der Erde, ohne genau zu wissen, wo wir eigentlich hätten sein sollen und wo nicht, nachdem die Erde nicht dazu bestimmt ist, überall Menschen zu beheimaten, und es Regionen gibt, die für uns alle unzugänglich sein sollten. Wir haben begonnen, diese Regionen von allem, was wir errichtet haben, zu bereinigen und möglichst den Urzustand wiederherzustellen und Heilung für alle Wunden zu bringen.

Städte / Wohnungen / Häuser

Die Wohnungen, die wir bisher bewohnt haben, wollten wir in dieser Form nicht mehr haben, denn alles, was früher so klein und eng war, entspricht nicht mehr unserem Empfinden, das wir für unser Leben haben möchten. Wir haben begonnen, alles, was an Wohnungen zur Verfügung steht, völlig umzugestalten, denn wir sehen Wohnungen überhaupt nur noch als ein Zuhause für den Fall, wenn man eben nicht ganz mit der Natur in Verbindung sein will. Das Leben in der überfüllten, engen Stadt gefällt uns nicht mehr, denn die Städte hatten bisher zwar ihre Vorteile, doch dienten sie in erster Linie dem geschäftigen Treiben, und das brauchen wir ja nicht mehr. Viele haben sich aus den Städten hinausbegeben und die Verbliebenen haben begonnen, langsam aber sicher alles zurückzubauen, was früher noch an eine Stadt erinnert hat.

Die Städte verwandelten sich seither zunehmend zu großen Parks, in denen viel weniger Menschen leben als bisher. Wohnungen bzw. Häuser erfüllen ganz andere Zwecke, denn wir haben kein Schutzbedürfnis mehr. Unser Zuhause haben wir immer dabei – wir sind durch unser Energiefeld, das uns umgibt, vor allen äußeren Einflüssen geschützt. Unsere Gesellschaft hat sich so stark verändert, dass auch von unseren Mitmenschen keine Bedrohung mehr ausgeht, und somit haben wir an unseren Türen keine Schlösser mehr – nichts ist mehr verriegelt – die Privatsphäre wird trotz einer herzlichen Offenheit geachtet.

Es haben sich zahlreiche Gemeinschaften gebildet, in denen Menschen, die ähnliche Interessen verfolgen und/oder an der gleichen Sache arbeiten, auch zusammen leben. Niemand ist mehr auf sich alleine gestellt – jeder wird in der Gemeinschaft umsorgt und findet alles vor, was er für sein Leben braucht, damit jeder so viel wie möglich an Freiraum hat, um sein Leben so zu gestalten, wie er es sich wünscht. So lebt jeder völlig ungezwungen mit den Menschen zusammen, die er gerne um sich haben möchte. Wir leben in selbst gewählten größeren oder kleineren Gemeinschaften, die sich untereinander in allem unterstützen. Jeder hat dabei seinen eigenen Privatbereich, der mehr als großzügig gestaltet ist und alles beinhaltet, was sich der Einzelne wünscht. Die frühere Enge und Begrenztheit ist einer Weite und Großzügigkeit gewichen, und die bisher strikte Trennung zwischen drinnen und draußen wurde deutlich aufgeweicht. Wir leben überwiegend in und mit der Natur. Zahlreiche liebevoll gestaltete Gemeinschaftsräumlichkeiten bieten die verschiedensten Möglichkeiten, gemeinsam zu wirken und zu gestalten. Wir achten ganz besonders darauf, dass in allen Räumlichkeiten, je nach Verwendung, die passenden positiven Energien vorherrschen, denn sich in allen Bereichen bestmöglich zu fühlen, ist das erklärte Ziel. Jung und Alt helfen zusammen und tauschen sich regelmäßig aus, um voneinander zu lernen – all jene, die lieber alleine leben, haben selbstverständlich die Gelegenheit dazu und ihr Wunsch wird von allen respektiert.

Das Aussehen unserer Häuser hat sich grundlegend verändert. Die Bewohner haben das äußere Erscheinungsbild unter Einsatz ihrer ganzen Kreativität völlig neu gestaltet. Jede Fassade ist ein Kunstwerk – ein Unikat. Je nachdem wie es den Bewohnern beliebt, wurden die ehemals langweiligen Wände mit Farbe aufgepeppt, wunderschöne Formen und Verzierungen angebracht, Wandbilder, Symbole und vieles mehr angebracht, um dem Haus eine möglichst freundliche, positive Wirkung auf seine Bewohner und das Umfeld zu verleihen. Wenn man durch die Straßen geht, so gibt es an allen Ecken kunstvolle Kreationen zu bestaunen, und man fühlt sich wie im Paradies, das überall von Harmonie und laufenden Überraschungen gekennzeichnet ist. Ein Kunstwerk ist niemals fertig – laufend wird optimiert und verschönert. Innen wie außen gibt es ständig etwas zu verändern. Die Häuser, die nicht mehr gebraucht und beseitigt wurden, dienten als Negativ-Beispiel, weil darin so viele Energien zu finden waren, die bereinigt werden mussten und es diente auch als Beispiel für negatives Handeln, weil wir alle erkannt haben, wie das Leben dadurch verändert werden kann, dass man die alten, tristen Vorgaben der Städteplaner einfach vergessen und alles freigegeben hat, was die Menschen an Kreativität haben, und dadurch ist die Freiheit in allen Bereichen in die Häuser eingekehrt, und alle Wesenheiten, die noch in den Häusern ihr altes Leben geführt haben, wurden befreit und auf die Reise in ihre Heimat geschickt.

Schule

Früher sind die Kinder zur Schule gegangen, um die wichtigsten Voraussetzungen für ein späteres Berufsleben zu erlernen. Nachdem es kein Geld mehr gibt und dadurch jegliche Notwendigkeit, einen möglichst viel Geld einbringenden Beruf zu erlernen, weggefallen ist, ist diese Orientierung völlig aufgehoben worden. Die Kinder sind ein wesentlicher Bestandteil der Veränderungen auf der Erde, die in der letzten Zeit stattgefunden hat. Wir haben gelernt, darauf zu hören, was uns die Kinder zu sagen haben! Die Kinder haben dazu beigetragen, dass der Wandel der alten Welt stattgefunden hat – sie haben dafür gesorgt, dass wir alle erkennen, dass es so viele neue Möglichkeiten gibt, die erst dadurch entstanden sind, dass wir den Kindern einen Freiraum eingerichtet haben, in dem sie alles ausprobieren und mit allem experimentieren konnten, was sie wollten. Sie haben uns gelehrt und tun dies weiterhin jeden Tag! Rechnen, schreiben und lesen können die Kinder auf eine uns bisher nahezu unbekannte Art und Weise. Um z.B. den Inhalt eines Buches blitzschnell zu erfassen, brauchen sie dieses nicht auf die herkömmliche Art zu lesen. Kommuniziert wird verstärkt über Telepathie. Somit hat sich das Konzept Schule überholt und die Kinder haben besonders großzügige Entwicklungs-Freiräume erhalten, in denen sie auf eine ganz andere Art und Weise lernen, als dies früher der Fall war. Jetzt steht es den Kindern völlig frei, selbst zu entscheiden, was sie gerne lernen und erfahren möchten. Ihre Begabungen und Talente werden schnell erkannt und bestmöglich gefördert. Im Vordergrund steht der Seelenplan, der sowohl den Kindern wie auch den Eltern voll und ganz bewusst ist – alles, was damit in Verbindung steht, gilt es zu fördern. Das Ziel ist, die individuelle Entfaltung zu ermöglichen – alles ist absolut frei und ungezwungen, und was die Kinder später einmal zum höchsten Wohl der Gemeinschaft beitragen möchten, das bleibt ihnen völlig frei überlassen und niemand nimmt auch nur annähernd auf diese Entscheidung Einfluss. Einiges davon wurde in der alten Welt bereits erfreulicherweise in alternativen Schulkonzepten umgesetzt – aber auch diese mussten anhand der neuen Maßstäbe und Erkenntnisse gänzlich überarbeitet werden.

Die Kinder lernen heute nicht mehr von ausgebildeten Lehrern, die ein pauschales Allgemeinwissen vermitteln, sondern gemäß ihren eigenen Vorgaben genau das, was sie gerne lernen möchten. Es gibt keine Lehrer und auch keine Schüler mehr – das Einzige, was es noch gibt, sind Menschen, die sich über lange Zeit Spezialwissen und eine Menge Erfahrung angeeignet haben und dieses all jenen Kindern weitergeben, die sich dafür interessieren. Heute läuft vieles umgekehrt – die Erwachsenen sehen die weise, alte Seele in den Kindern und beobachten diese, während sie die Welt erforschen, um selbst dabei zu lernen. Der Lehrerberuf wurde durch eine Art Begleiter oder Animateur abgelöst, der die Kinder lediglich dazu animiert, ihren Forscherdrang weiter auszuleben und noch tiefer in die Materie einzutauchen, für die sie sich interessieren. Der Betreuer bietet kein Wissen an, stattdessen spielt er nur den Coach.

In unseren früheren Schulen gab es Schulklassen, die nach Altersgruppen eingeteilt wurden und in denen für alle das gleiche Wissen vermittelt wurde, egal ob es die Kinder interessiert hat oder nicht. Ein kleiner Sportplatz und hin und wieder ein Ausflug hatten das Lernangebot abgerundet. Heute lernen die Kinder in großen Arealen, in denen große Flächen in freier Natur als Forschungsgebiet zur Verfügung stehen. Sobald die Seele im Umgang mit ihrem Körper geübt ist, findet sie die Möglichkeit vor, mit anderen Kindern unterschiedlichen

Alters zusammen spielerisch zu lernen, zu forschen und zu experimentieren. Sie lernen von den Pflanzen, Elementen, Tieren und den Naturwesen, die wir Erwachsene früher nicht sehen konnten, die jetzt aber zu unserem Alltag gehören. Wir schätzen diese Lichtwesen sehr, denn sie halten den natürlichen Kreislauf in Bewegung und helfen uns das Leben bis ins kleinste Detail verstehen zu lernen. Wir haben erkannt, dass unsere bisherige, ausschließlich dreidimensionale Betrachtungsweise einen großen Teil dessen, wie unsere Natur funktioniert, außer Acht gelassen hat. Mit Hilfe des Forscherdrangs der Kinder sind wir dabei, die Multidimensionalität unseres Seins immer besser zu verstehen. Das Lernen findet somit fast ausschließlich in freier, unberührter Natur statt. Für die wenige Zeit, in der in Gebäuden gelernt wird, gibt es verschiedene Gemeinschaftsräume. Hier wird gemeinsam musiziert, gespielt, ausprobiert, gekocht, Erfahrungen untereinander und mit den erwachsenen Betreuern ausgetauscht und vieles mehr. Eine große Werkstätte, verschiedene Labore bieten jede Menge Platz für Experimente jeglicher Art, und ein großes Angebot zur körperlichen Ertüchtigung steht zur Verfügung, denn das Leben in diesem Körper will ebenso erfahren und seine Fähigkeiten in gewählten Bereichen bis zur Perfektion entwickelt werden. Der künstlerische Ausdruck ist uns ganz besonders wichtig, denn wir lieben alles, was mit Musik, Gesang, Tanz, Theater und sonstigen Formen von Kunst zu tun hat. Es gibt keine fixen Schulzeiten – die Einrichtungen sind zu jeder Zeit für alle Kinder jeden Alters zugänglich. Die Kinder kommen und gehen, wann immer sie es möchten, und ausreichend Betreuer sind immer vor Ort, um den Kindern in ihrer Entwicklung beizustehen. Groß und Klein lernt miteinander und voneinander – eine Untergliederung in Klassen gibt es nicht mehr, Lehrpläne ebenso wenig – Entwicklungsförderung ist eine sehr individuelle Angelegenheit, worauf wir allergrößten Wert legen. Vertiefende Informationen sind jederzeit möglich – hierfür werden Experten ihr Wissen an diejenigen vermitteln, die daran besonderes Interesse haben. Es gibt keinen Leistungsdruck und keine Leistungskontrolle, sondern jedes Kind lernt in seiner

Geschwindigkeit und dann, wenn es will. Der Lernfortschritt wird auch nicht überprüft und es gibt daher keinerlei Tests, Zeugnisse oder sonstige Bewertungen.

Die Kinder sind für uns das Wichtigste unseres Daseins überhaupt, denn sie kommen unvoreingenommen zur Welt, und indem wir sie beobachten, können wir sehr viel von ihnen lernen. Und sie helfen uns auch, unsere Göttlichkeit vollständig zu entdecken. Kinder sind eine enorme Bereicherung in jeglicher Hinsicht und führen uns zurück zu unserer eigenen Kindlichkeit und lassen uns das Leben wieder als Spiel erfahren. Das Wichtigste überhaupt ist der Umstand, dass die Kinder gekommen sind, um die vollständige Transformation der verbliebenen Reste der alten Welt durchzuführen und uns zu lehren, wie wir die Folgen unseres früheren Daseins vollständig heilen können. Dies steht im Lebensplan der Kinder, und unser Lebensplan beinhaltet, die grundlegenden Voraussetzungen, damit die Kinder ihren Auftrag erfüllen können, herzustellen.

Es gibt jede Menge sich abwechselndes Betreuungspersonal, denn jeder, der gerne mit Kindern arbeitet, bringt sich in dem Maße ein, wie er es für richtig hält, und gibt das weiter, was er am besten kann. Das Leben der Kinder wird vom spielerischen Umgang mit den Elementen und den Wesenheiten der Natur geprägt. Zu diesem Spiel gehört auch das Experimentieren mit den Kristallen, denn darin ist ein unvorstellbar großes Potenzial an Information enthalten. Sie entnehmen den Kristallen die Information, die sie interessiert, denn darin ist die vollständige Geschichte der Erde, von der ersten Stunde ihrer Entstehung bis zum heutigen Tag, gespeichert – ein riesengroßes Arsenal an Wissen und Weisheit von unschätzbarem Wert. Für hautnahes Erleben machen wir mit den Kindern gemeinsame Zeitreisen. Fremdsprachen zu lernen, ist überflüssig geworden, denn wir kommunizieren verstärkt über Telepathie.

Früher wurden den Kindern Unmengen von Spielsachen an die Hand gegeben, um ihren unruhigen Geist zu beschäftigen und sie vom Wesentlichen, der Erfüllung ihres Lebensplans, abzuhalten. Von lernfördernden Spielsachen abgesehen, war eine ganze Industrie damit beschäftigt, sich laufend Gedanken zu machen, wie man die Kinder beschäftigen und ihre Aufmerksamkeit nach außen lenken kann. Dabei wurde außer Acht gelassen, dass die Langeweile der Motor der Kreativität ist, und nur dann, wenn die Kinder gefordert sind, sich mit sich selbst zu beschäftigen, kommt ihr ganzes Potenzial zum Ausdruck. Heute brauchen die Kinder keine Spielsachen mehr, denn in der Natur finden sie mehr als reichlich Spielgefährten und Lehrmeister.

(Hinweis: Zum Thema Erziehung und Ausbildung unserer Kinder habe ich kürzlich gemeinsam mit zahlreichen Experten eine Infobroschüre erarbeitet und veröffentlicht, die Eltern, Lehrer, Ärzte, Therapeuten, Politiker und alle, die mit Kinder arbeiten, gelesen haben sollten. Diese Broschüre steht zum kostenlosen Download auf meiner Internet-Homepage www.botschafterdeslichts.com zur Verfügung.)

Zeughaus

Einige wichtige Grundprinzipien unserer Gesellschaft lauten: Es ist mehr als genug für alle da. Alles gehört allen, und jeder hat das gleiche Recht darauf. Mit Ausnahme der persönlichen Dinge wird alles, was man nicht unmittelbar braucht bzw. verwendet, der Allgemeinheit zur Verfügung gestellt. Jeder gibt alles gerne her und bekommt es auch gerne jederzeit zurück, wenn er etwas braucht. Dies betrifft nahezu alles, was man nicht jeden Tag benötigt, wie zum Beispiel Maschinen, Werkzeuge, Instrumente, Spielsachen, Möbel, Elektrogeräte, Sportartikel und unzähliges mehr. Das bedeutet zum Beispiel, dass in einer Gemeinschaft nicht jeder seinen eigenen Haushalts-Werkzeugkoffer hat, sondern in einer gut ausgestatteten Werkstätte im zentralen Gebäudekomplex alles vorhanden ist, was man für sein Vorhaben braucht. Jede Region hat das eine oder andere Zeughaus, in dem jeder alles deponiert, was er nicht mehr benötigt bzw. nicht laufend benutzt, das aber für andere von Wert sein könnte. Jedermann hat zu jeder Zeit Zutritt zu diesem Zeughaus und bedient sich dort bzw. gibt alles wieder zurück, sowie er es nicht mehr benötigt. Mehrere Menschen verwalten die dort lagernden Schätze und führen auch eventuell notwendige Reparaturen durch, um alles funktionstüchtig zu halten. Der sorgfältige Umgang und die Pflege verstehen sich für alle von selbst.

Medien / Information

Zeitungen, Zeitschriften, Fernsehen, Radio usw. wurden früher überwiegend von den Machthabern der alten Welt kontrolliert und gezielt dazu benutzt, um die Massen zu beeinflussen und Meinungen zu bilden. Zeitungen gibt es immer noch, doch unterscheiden sie sich grundlegend von denen aus vergangenen Tagen. Die Zeitung der neuen Zeit entsteht nicht mehr auf die Art und Weise, wie es früher einmal war – sie ist nicht mehr auf Papier gedruckt, und sie ist auf gar keinen Fall eine Belastung für die Umwelt, denn sie ist eine Zeitung, die immer dann erstellt wird, wenn es darum geht, den Menschen in der Region etwas mitzuteilen, das sie wissen sollten. Die Kristalle besitzen die Möglichkeit, Informationen abzuspeichern und sie für jedermann auf Abruf bereitzustellen. Wir haben gelernt, uns das große Wissen der Kristalle zu erschließen und sie als große Speicher zu verwenden, auf die man auch aus der Ferne zugreifen kann. In den Zeitungen sind alle wesentlichen Informationen enthalten, die aus der Region kommen und die für die Menschen in der Region bestimmt sind. Seichte Unterhaltung, Werbung und Halbwahrheiten gehören jedoch der Vergangenheit an, denn es gibt nur noch die reine Wahrheit – alles andere würde sofort erkannt werden.

Der Weisen-/Expertenrat der Region gibt in den Zeitungen die Ergebnisse seiner Arbeit bekannt und begründet in diesem Medium alle für die Region getroffenen Entscheidungen. Die bekannten Medien der Vergangenheit existieren alle nicht mehr – alles hat sich aufgelöst und ist der neuen Technologie gewichen, die uns die Kristalle zur Verfügung stellen. Sie helfen uns, alles zu erkennen, was wir wissen sollen, und sie dienen alle zusammen einem riesengroßen Netzwerk aus Informationen, das alles beinhaltet, was wir gerne wissen möchten. Wir haben gelernt, alle neuen Technologien auf die Kristalle aufzubauen, und für alle weiteren Entwicklungen dienen die Kristalle als Basis. Wir leben in einer völlig neuen Fülle von Informationen, die jederzeit und überall zur Verfügung stehen. Wir sind in der Lage, uns alleine nur durch unsere Gedanken Zugang zu allem zu verschaffen, was wir wissen möchten. Alle Möglichkeiten sind in unserem Kopf, und wir brauchen keine Technologie mehr, um an Informationen zu kommen. Fernsehen und Internet findet im Kopf statt! Wir brauchen für nichts und niemanden mehr eine Genehmigung, um an Informationen zu gelangen – alles ist frei zugänglich und niemand hat die Möglichkeit zur Zensur!

Wirtschaft

Beruf(ung)

Das, was wir bisher Leben nannten, war letztlich nichts anderes als eine Aneinanderreihung von Verpflichtungen, die uns alle die meiste Zeit unseres Lebens beschäftigten – jetzt können wir endlich aufleben und unser neues Leben genießen, was nichts anderes bedeutet, als dass wir die Freiheit bekommen haben, alles zu tun, was uns in den Sinn kommt. In unserer alten Welt gab es unvorstellbar viele Berufe, die letztlich alle entweder direkt mit Geld oder im weitesten Sinne mit der bürokratischen Verwaltung von Geld zu tun hatten. Diese Berufe und zahlreiche andere, die mit der Herstellung sogenannter sinnloser Produkte zu tun hatten, gibt es nicht mehr. Seit es kein Geld mehr gibt, ist alles sehr einfach geworden, denn es werden nur noch die Produkte hergestellt und die Dienstleistungen erbracht, die gebraucht werden und einen höheren Nutzen erfüllen. Natürlich ist auch alles dabei, das uns Spaß macht! Die Herstellung erfolgt jedoch in völliger Harmonie und im Einklang mit der Natur.

Wir fühlen uns mit allem, was ist, so sehr verbunden und wissen, dass wir nur dann vollends glücklich sein können, wenn die Bedürfnisse aller – einschließlich der Natur – im vollen Ausmaß berücksichtig werden. Wir sind zwar einzelne Individuen, doch ist uns bewusst, dass wir erst zusammen dieses „Große Ganze" bilden – das bedeutet, dass wir unser vollständiges Potenzial erst ausschöpfen können, wenn wir als Einheit agieren und jeder ausschließlich das höchste Wohl aller anstrebt.

Jeder von uns hat seine ganz besonderen, selbst gewählten Aufgaben und trachtet danach, seinen Beitrag zum höchsten Wohl der Einheit laufend weiterzuentwickeln und über die Zeit zu perfektionieren, um den Wert seines Beitrags dadurch laufend zu erhöhen. Unsere Berufe sind nichts anderes als Ausdruck unserer Berufung – ein Ausdruck dessen, wozu wir uns selbst berufen haben. Wir empfinden dies nicht als Arbeit, sondern als freudigen, künstlerischen Ausdruck und liebevollen Beitrag zum Wohlergehen aller. Wir entscheiden völlig frei und unbeeinflusst, wie viel Zeit wir aufwenden, um unseren Beitrag zu leisten, doch ist es uns von Herzen ein Bedürfnis, etwas zum Wohl aller beizutragen, und indem dies auch alle tun, fehlt es uns an absolut gar nichts – wir leben in der Fülle.

Es sind viele neue Berufe entstanden, und jeder hat die Möglichkeit ergriffen, sich auf den einen oder anderen Bereich zu spezialisieren. Niemand macht stupide immer nur das Eine, sondern unser Wirken ist vielfältig, und wir lernen laufend Neues, um uns selbst und unsere Gemeinschaft zu bereichern. Wir lernen täglich, indem wir viel experimentieren, in der Gruppe diskutieren und unsere ständigen Begleiter aus anderen Ebenen zu Rate ziehen. Viele, die an gleichen oder verwandten Bereichen arbeiten, haben sich zusammengetan und leben und arbeiten in großzügigen Gebäudekomplexen, die ihnen alles ermöglichen, was sie für ihre Arbeit und ihr Leben brauchen. Wir stehen im regen Austausch mit zahlreichen anderen Gruppen weltweit, die unsere Arbeit ergänzen und uns bereitwillig ihre Erkenntnisse und Entwicklungen zur Verfügung stellen. Wir bauen Werkzeuge und Geräte allerhöchster Qualität, die nicht mehr kaputtgehen. Handwerker sind Künstler – jeder macht das, was er am besten kann und von Herzen gerne tut – es werden damit nur höchstschwingende Produkte hergestellt, die den Menschen einen wahren Nutzen bringen. Jeder hat Talente und das Herz verlangt danach, dass diese Talente auch ausgelebt und weiterentwickelt werden. Durch den Wegfall des Drucks, einen Job machen zu müssen, um Geld zu verdienen, hielt die wahre Freude Einzug in unser Leben. Alles, was wir tun, beruht auf Freiwilligkeit – wir tun nur, was uns Freude bereitet und wozu wir auch wirklich Lust haben. Das Größte für uns ist der Ausdruck der Liebe – das Grundelement unseres Seins.

Unternehmen

Große Industrieanlagen, die für weite Teile eines Kontinents oder sogar die ganze Welt produzieren, gehören der Geschichte an. Eine Vielzahl von Kleinunternehmen arbeitet intensiv zusammen, um alles herzustellen, was die Menschen in der Region brauchen und haben möchten. Der Ausdruck Unternehmen hat sich überholt, denn die klassische Struktur eines Unternehmens ist nicht mehr erkennbar. Letztlich sind es nur Arbeitsgruppen – Menschen, die sich zusammengefunden haben, weil sie gemeinsam an einer Sache arbeiten und damit einen möglichst hohen Nutzen für die Menschen und die Natur erzielen möchten. Das Ziel ist die höchstmögliche Qualität und der größtmögliche Nutzen. Rein wirtschaftliche Gedanken gibt es keine mehr. Gefertigt wird für die Ewigkeit und ganz individuell – kein Produkt gleicht dem anderen. Individualität wird generell großgeschrieben, denn jeder einzelne Mensch bringt sich durch seine Einzigartigkeit in seinem ganzen Sein zum Ausdruck. Alles ist letztlich Maßarbeit bzw. Fertigung gemäß von persönlichen Wünschen. Die Massenproduktion ist vorbei – es geht nur noch um den individuellen Ausdruck des Einzelnen. Die Bezeichnungen Arbeitnehmer und Arbeitgeber sind Geschichte – es gibt diese unterschiedlichen Rollen nicht mehr. Unternehmen sind Gruppierungen von Menschen, die das gleiche Ziel verfolgen. Rechtlicher Rahmen und Unternehmensgründung sind nicht erforderlich, denn die alleinige Ausrichtung am höchsten Wohl aller ist für alles Richtlinie genug! Natürlich gibt es unterschiedliche Aufgaben, und es wird auch Menschen geben, die die unterschiedlichen Tätigkeiten koordinieren und eine Art Manager-Funktion haben, doch ist diese Funktion nicht übergeordnet zu sehen, sondern gegenüber allen anderen absolut gleichwertig.

Es gibt Menschen oder Gruppen von Menschen, die eine Idee entwickelt haben und diese in die Realität bringen möchten. Sofern sie dafür Mitwirkende brauchen, werden sie ihnen von ihrer Vision erzählen und sie animieren, sich zur Weiterentwicklung der Idee einzubringen, und sie bitten, an der Fertigung mitzuwirken. Daraus resultiert, dass die Mitwirkenden dies mit Freude, ausschließlich aus tiefstem Herzen und zum höchsten Wohl aller tun. Nicht stupide Ausführung automatisierter Prozesse, sondern kreatives Mitgestalten ist die Devise. Jede Art von Arbeit wird gleichwertig gesehen, egal ob Denker oder Handwerker – allen wird höchster Respekt entgegengebracht. Alles beruht auf einer gleichwertigen Partnerschaft, die sich an einem gemeinsamen höheren Ziel orientiert. Jeder hat seine ganz speziellen Qualifikationen, und sowie er erkennt, dass seine Qualifikationen für die höchstmögliche Qualität nicht ausreichen, so wird er von sich aus danach trachten, seine Fähigkeiten und Fertigkeiten weiterzuentwickeln, und erst wieder in den Prozess einsteigen, wenn er sich dafür ausreichend qualifiziert fühlt. Sowie jemand die Tätigkeit wechseln möchte, ist dies eine Selbstverständlichkeit, dass ihm dieser Wunsch umgehend gewährt wird – unser Bewusstsein verlangt jedoch von uns, dass wir uns vorzeitig darum bemühen, dass jemand anderer unsere Tätigkeit übernimmt, damit der Fluss zum Wohl des Großen Ganzen nicht unterbrochen wird. Es gibt keine Arbeit mehr, sondern nur noch Ausdruck unseres künstlerischen Seins und unserer Liebe zu allem, was ist.

Genossenschaften

Die Strukturen von Genossenschaften sind speziell aus dem landwirtschaftlichen Bereich gut bekannt – in angepasster Form wird das bewährte System wieder gelebt und alles je nach Bedarf untereinander ausgetauscht und miteinander produziert. Auch hier gibt es spezialisierte Personen, die als Koordinatoren fungieren, Maschinenparks verwalten, für den ungestörten Warenfluss sorgen und damit eine zuverlässige Versorgung aller gewährleisten. Im Gegensatz zu früher wird nicht mehr das produziert, was am meisten Ertrag bringt und am leichtesten verkauft werden kann, sondern die Menschen in der Region bestimmen, was produziert wird. Die Verbraucher geben ihre Wünsche in den Verteilerstellen bekannt – diese geben die Informationen gesammelt an die Koordinatoren weiter, und diese tragen die Wünsche zu den Produzenten, und in kürzester Zeit gibt es eine Lösung für alle Wünsche und Herausforderungen, denn Probleme kennen wir keine mehr. Die Struktur einer Genossenschaft ist auf dem Wohlergehen aufgebaut, und nichts dient dem System mehr, als dass es den Menschen in der Region gut geht, denn dann wurde alles gut gemacht – so wie es gedacht war. Die Genossenschafts-Strukturen werden von anderen Persönlichkeiten als bisher gebildet – Menschen, die auf dieses System von Grund auf eingestellt sind und nichts anderes als das Wohlergehen aller im Sinn haben. Das neue Leben geht somit immer wieder auf das Eine zurück – das höchste Wohlergehen aller, und die Genossenschafts-Strukturen verfolgen ausschließlich dieses Ziel. Die Menschen, die diese Struktur mit Leben erfüllen, dienen somit dem Großen Ganzen, und sie alle werden vom Großen Ganzen versorgt.

Abfall / Restmüll / Verseuchung / Altlasten

In der alten Welt war alles eingepackt, damit die Produkte für den weiten Transport geschützt und im Geschäft verkaufsfördernd präsentiert werden konnten. Heute gibt es keinen Konkurrenzkampf mehr, denn es gilt, nicht immer noch mehr Umsatz und Gewinn zu machen, sondern bestmögliche Lösungen und den größtmöglichen Nutzen zu finden. Verpackungsmaterial gibt es daher so gut wie keines mehr und wenn, dann nur aus Materialien, die auch kompostierbar sind. Nachdem auch in der Produktion ausschließlich Materialien verwendet werden, die in den natürlichen Kreislauf zurückgeführt werden können, entsteht auch kein sogenannter Restmüll mehr, den es zu entsorgen gilt. Die Müllabfuhr und aufwändige zentrale Sortier- und Verbrennungsverfahren sind somit hinfällig geworden.

Die Müllberge der alten Welt sind enorm, und es ist uns ein großes Anliegen, diese so rasch wie möglich zu beseitigen. Alle helfen verantwortungsbewusst mit, denn wir alle haben diesen Müll produziert, und somit trachten auch alle danach, ihn wieder zu beseitigen. Wir finden uns regelmäßig zusammen, um ein generelles Saubermachen in allen Bereichen zu vollbringen. Jeglicher Abfall wird geborgen, gesammelt, wiederverwertet oder in seine Bestandteile zerlegt. Die Unmengen von Müll werden aus den Meeren geborgen, selbst uralte Schiffswracks werden aufgespürt und mit unseren neuen Möglichkeiten gehoben, um sie zu verwerten.

Die Bergung von all dem Müll aus den Meeren erfolgt mit Hilfe unserer neuen Möglichkeiten, alles zu sehen, selbst bis in große Tiefen können wir blicken, und unsere seherischen Fähigkeiten ermöglichen uns den Blick in diverse Behältnisse, um den Inhalt zu identifizieren. Wir haben gelernt, wie man sämtliche Materialien wieder in ihre Bestandteile zerlegt und in das ursprüngliche Material verwandelt – selbst alle chemischen Vorgänge können rückgängig gemacht werden. Die Müllberge einfach anzuzünden, hätte fatale Folgen für die Atmosphäre – wir vermeiden das daher tunlichst und trachten danach, dass die Beseitigung auf eine andere Art erfolgen kann. Während dieser Arbeit erkennen wir, dass so viele bislang unbekannte Verbindungen möglich sind und daher eine Vielzahl neuer Materialien mit außergewöhnlichen Eigenschaften gewonnen werden kann. Vieles davon haben wir in unser tägliches Leben bereits integriert und sind fasziniert, welche Vielfalt daraus entstanden ist.

Eine wahrlich große Herausforderung ist die Reinigung sämtlicher Gewässer, die durch unzählige Chemikalien, Schwermetalle und vieles andere verunreinigt sind. Das Wasser ist der wichtigste Bestandteil der Erde, denn zu einem überwiegenden Anteil ist die Erde von Wasser bedeckt und daher ist es so wichtig, dass das Wasser absolut rein ist. Mutter Erde hilft uns, das Wasser zu reinigen, indem sie uns zeigt, wo genau etwas getan werden muss, und sie leitet uns an, wie man Wasser erfolgreich reinigt. Wir können das Wasser durch unsere Gedankenkraft und mit Hilfe der Kristalle von allem befreien, wovon es derzeit noch belastet ist.

Die Luft ist eines der am schwierigsten zu reinigenden Elemente, denn sie ist so groß und es sind so zahlreiche Aspekte dabei zu berücksichtigen. Eine Möglichkeit, der Atmosphäre eine grundlegende Reinigung zukommen zu lassen, besteht darin, die Luft als Ganzes und die gesamte Hülle der Erde als einen einzigen Bestandteil anzugehen. Wir reinigen diesen Bereich der Erde, indem wir alle zusammen all unsere Liebe, die uns zur Verfügung steht, in diese Hülle um die Erde einströmen lassen und dadurch alle belastenden Bestandteile herauslösen und transformieren. Im Zuge dieser Arbeit haben wir festgestellt, wie enorm die Verschmutzung der Atmosphäre bis in die höchsten Schichten und wie bedrohlich die Situation für das Leben auf der Erde bereits war. Alle Gefahren sind jetzt abgewandt und wir atmen reinste Luft. Ich hatte keine Ahnung, wie wunderbar es sich anfühlt, diese frische Luft zu atmen! Jeder Atemzug ist eine völlig neue Erfahrung und ein wahre Freude!

Das Erdreich ist durch die verschiedensten Einflüsse stark belastet. Die Belastungen sind so stark, dass aus den Böden weit weniger Nährstoffe herausgelöst werden können, als Menschen und Tiere brauchen um sie mit allem zu versorgen. Neben dem Wasser ist dies eine unserer größten Herausforderungen. Das Erdreich können wir reinigen, indem wir damit so umgehen, wie es eigentlich immer schon vorgesehen gewesen war. Wir arbeiten mit der Erde zusammen und bitten die Wesenheiten der Natur um ihre Unterstützung, um die Stoffe in die Böden zurückzuführen, die dort heimisch sein sollten, und all jene herauszulösen, die dort nicht mehr vorkommen sollen. Die Erde hat schon auf uns gewartet, bis wir mit ihr in Kontakt treten und uns auch die Zeit nehmen, um genau auf sie zu hören, denn sie leitet uns in allem an, was zu tun ist. Auf diese Art und Weise ist es uns gelungen, die Böden so zu regenerieren, dass alles vollkommen natürlich und in einem gesunden Prozess gedeihen kann.

Die Entsorgung von Atommüll war in der alten Welt ein großes, ungelöstes Problem. Niemand wusste, wohin mit all dem Müll, der so viele Jahrtausende problematisch ist. Wir haben gelernt, den atomaren Abfall in seinen Urzustand zurückzuführen und die Spaltung rückgängig zu machen. Wir haben alle Anlagen, die durch die Strahlung verseucht wurden, entsprechend gereinigt. Mittels Gedankenkraft kann alles neutralisiert werden, was uns oder anderen Lebewesen schadet. Selbst verseuchte Landstriche konnten durch unsere gebündelten Kräfte vollständig gereinigt werden.

Abwasser / Kläranlagen

In der alten Zeit waren unsere Abwässer durch zahlreiche Substanzen belastet, die der Natur Schaden zufügen, und daher wurden diese gesammelt und in Kläranlagen weitgehend aus dem Wasser gelöst, sofern sie nicht sorglos in die Flüsse geleitet worden waren. Heute fällt sogenanntes Abwasser in weit geringerem Umfang an, und es werden vor allem keine Chemikalien verwendet, die im Wasser gelöst werden, und damit ist es auch nicht mehr erforderlich, Kläranlagen zu betreiben. Die Tierzucht wurde vollständig aufgegeben – die Unmengen an Fäkalien sind dadurch weggefallen, und die Abwässer aus unseren Toiletten sind insofern viel leichter zu klären, als sie nicht mehr in die Flüsse geleitet werden, sondern direkt in den biologischen Kreislauf zurückkehren, denn die Inhalte der Sammelbecken werden sehr einfach mittels Gedankenkraft sofort in Humus verwandelt und daher besteht kein Problem mehr mit Fäkalien.

Dies ist ein besonderer Maßstab für die Entwicklung der Menschheit, denn sowie wir uns selbst so weit unter Kontrolle haben, dass wir für die Natur keine Belastung mehr darstellen, haben wir einen wichtigen Entwicklungsschritt absolviert. Wir alle trachten danach, in allen Bereichen unseres Lebens für die Natur keine Belastung mehr zu sein – es geht darum, die Natur zu fördern, sie in ihrer Entwicklung zu unterstützen und alle Lebewesen weiterzuentwickeln, denn der Mensch ist die treibende Kraft bei den Entwicklungsprozessen auf der Erde, und wir gehen damit als Beispiel voran und zeigen, dass es möglich ist, sich ständig weiterzuentwickeln.

Technologie / Energieversorgung

Das Leben in der neuen Zeit ist von viel Technologie unterstützt – wir haben so gut wie für alles eine technische Lösung parat, denn alle Probleme, die das Leben auf der Erde mit sich bringt, sind auf eine gewisse Art und Weise leicht zu lösen, denn unsere Sternenbrüder aus höher technisierten Sonnensystemen haben uns ihre Technologie zur Erde transferiert bzw. uns angeleitet, wie wir für unsere Gegebenheiten selbst technische Lösungen finden können. Die Übergangsphase wurde uns dadurch sehr erleichtert und wir entwickeln laufend zusätzliche Lösungen, wie wir unser Leben so einfach wie möglich gestalten können. Es haben sich zahlreiche Arbeitsgruppen gebildet, die sich auf die verschiedensten Bereiche spezialisiert haben und ihre Erkenntnisse laufend untereinander austauschen und ihre Ziele gemeinsam definieren und verfolgen. Wir haben das gesamte Wissen zusammengetragen und allen unseren Mitschöpfern in allen Ecken der Erde zur Verfügung gestellt – das Resultat ist ein wahrer Genuss, denn das Leben ist an Einfachheit und Leichtigkeit kaum zu überbieten.

Wir brauchen keine zentralen Kraftwerke mehr, um Strom zu erzeugen und diesen über Tausende Kilometer über Kabel zu transportieren, sondern wir erzeugen die nötige Energie dort, wo wir sie brauchen – ganz simpel und ohne großen Aufwand. Das neue Leben beinhaltet ein völlig neues Energiespektrum, das wir bislang nicht kannten bzw. zu nutzen wussten – es handelt sich dabei um die menschliche Mer-Ka-Ba. Das Spektrum des Energiefeldes um unseren Körper herum ist zu vielen Zwecken zu gebrauchen, und wir können damit unter anderem die Energie, die wir benötigen, vor Ort erzeugen, und wir können alles tun, was wir gerne möchten, ohne uns Gedanken machen zu müssen, was es an Mühe bedeutet, die Energie dorthin zu bringen, wo wir sie benötigen. Die erforderliche Energie haben wir ganz mühelos immer mit dabei!

Langwierige, aufwändige Verarbeitungsprozesse wurden enorm beschleunigt, und wir können absolut alles, wonach uns ist, an jedem Ort der Welt herstellen. Das neue Leben beinhaltet eine Vielzahl an Lösungen, die bisher nur unter größtem Aufwand erfüllt werden konnten – es besteht die Möglichkeit, wirklich jeden einzelnen Werkstoff ganz einfach herzustellen und daraus alles zu fertigen, was das Herz begehrt. Wir haben alle Möglichkeiten zur Verfügung, die früher große industrielle Anlagen erforderten, und heute ist alles im kleinen Rahmen ohne großen Aufwand realisierbar.

Die neuen Technologien sind alle so ausgelegt, dass sie im Einklang mit der Natur sind – alles, was hergestellt wird, ist so gedacht, dass es allen dienlich ist und so lange wie möglich auch funktioniert. Alles kann dann, wenn es nicht mehr benötigt wird, auch sofort wieder in den Kreislauf der Natur eingebracht werden, somit entsteht keinerlei Abfall, auch nicht während des Herstellungsprozesses.

Mobilität / Gütertransport / Straßen und Wege

Wir reisen nicht mehr mit dem Auto, der Bahn oder dem Flugzeug, denn wir haben von unseren geistigen Begleitern gelernt, wie wir unseren Lichtkörper dazu benutzen können, die Schwerkraft zu überwinden und in großer Geschwindigkeit physisch und vollkommen sicher zu reisen. Diese Art des Reisens ist zwar sehr reizvoll, doch die Verbundenheit mit der Erde macht uns ebenso viel Spaß wie uns in luftigen Höhen zu bewegen. Die Erde zu spüren, ist uns sehr wichtig, denn wir nehmen alles viel intensiver wahr und freuen uns über den physischen Kontakt zu unserer Mutter. Den Weg von A nach B legen wir nicht einfach nur zurück, um anzukommen, sondern wir genießen jeden Schritt und jede Berührung. Ob zu Fuß, beim gemächlichen Spaziergang, im Laufschritt oder mit dem Fahrrad und sonstigen Fortbewegungsmitteln, die uns einfach nur Freude machen, genießen wir alles um uns herum und was uns begegnet.

Transportiert wird heute nichts mehr auf Schiffen, Schienen oder auf Straßen oder in Flugzeugen, sondern wir transportieren Waren mittels Gedankenkraft bzw. können Gegenstände materialisieren – dadurch kann alles an Ort und Stelle hergestellt werden, wo es benötigt wird. Motorisierte Fortbewegung findet nur mehr in ganz kleinem Ausmaß statt, und das nurmehr aus reinstem Vergnügen. Die meisten Straßen, ganz besonders die Überlandstraßen, auf denen wir früher die großen Distanzen zurückgelegt haben, haben wir abgebaut und die Flächen der Natur zurückgegeben. In den Städten haben die Bewohner rund um ihre Häuser die ehemaligen Parkplatzflächen in blühende Oasen verwandelt. Hier sprießt und gedeiht es in allen Farben und Formen – zahlreiche Menschen bringen hier ihre ganze künstlerische Vielfalt zum Ausdruck und verwandeln die ehemals grauen Städte in prunkvolle Gärten, die an Schönheit kaum zu überbieten sind. Paradiesische Zustände mitten in der Stadt! Dazwischen gibt es zwar immer noch Wege und Straßen, die aber so gut wie nicht mehr motorisiert befahren werden. Die Welt braucht keine Straßen mehr, denn die geistigen Möglichkeiten sind so zahlreich, dass nichts mehr einen Aufwand darstellt, denn absolut alles ist beweglich und jeder Mensch hat die Macht, alles zu bewegen, was uns in der dichten Materie früher noch vor große Probleme gestellt hat. Die sogenannten Motorsportler kommen aber immer noch auf ihre Rechnung – umweltverträglich natürlich!

Aufwandsentschädigung / Gegenleistung

Geld gibt es nicht mehr, auch keine Tauschkreise oder Zeitkonten, auf denen man durch seine Arbeit Guthaben anhäuft. Niemand verlangt für seine Arbeit/Dienstleistung eine direkte Gegenleistung – wir lehnen dies entschieden ab. Der Beitrag des Einzelnen wird auch nicht mehr gemessen und bewertet. Wir fühlen uns als Mitglieder einer großen Familie, und eine Mutter wird von ihren Kindern oder ihrem Mann ja auch kein Geld oder eine direkte Vergütung dafür verlangen, dass sie sich um die Wäsche kümmert oder das Essen zubereitet. Wir handeln aus Liebe zu allen anderen, und wenn jeder das tut, was er am besten kann und von Herzen gerne tut, dann bereitet ihm seine Leistung ja auch keine Umstände, sondern Freude! Indem jeder zum höchsten Wohl aller seinen Teil, dessen Umfang er selbst bestimmt, beiträgt, so wird er natürlich auch Nutznießer der Beiträge aller anderen sein, und somit lebt unsere große Familie in der absoluten Fülle. Es gibt keinen Mangel mehr – ganz im Gegenteil, jeder Einzelne ist umsorgt und wohlbehütet. Das höchste Wohl aller schließt ja auch denjenigen ein, der im Augenblick eine Leistung erbringt, somit ist niemand ein Opfer, sondern indirekt auch Begünstigter seiner eigenen Leistung für die anderen. Jeder gibt von Herzen gerne, denn durch Geben kann man auch empfangen! Die Liebe gibt ohne Erwartungen, und derjenige, der gibt, wird, ohne es zu erwarten, auf Umwegen reich beschenkt.

Geschäfte / Marktplätze / Verteilerstellen

Nur weil es kein Geld mehr gibt, bedeutet dies nicht, dass es keine Schaufenster und Läden mehr gibt. Die ehemaligen Geschäfte werden teilweise auch weiterhin dafür genutzt, Waren auszustellen, doch nicht mehr, um Umsatz und Gewinne zu erzielen, sondern um seine Leistungsangebote zu präsentieren, Lösungen und Möglichkeiten vorzustellen und zur Verfügung zu stellen. Es macht uns ja Freude, immer wieder Neues zu sehen und Inspiration zu erhalten. Heute wird alles individuell gefertigt – kein produziertes Stück gleicht dem anderen, und somit dienen die Geschäfte als kreative Treffpunkte, wo die Wünsche des Einzelnen erarbeitet werden und in das Produkt, das häufig sofort gefertigt wird, einfließen. Marktplätze gibt es schon seit vielen Jahrhunderten – sie dienten immer schon als Treffpunkt, als Handelsplatz. Marktplätze haben an Bedeutung gewonnen, denn sie sind letztlich eine Leistungsschau der Handwerker, die ihre Dienste der Allgemeinheit, natürlich kostenlos, anbieten. Es wird allerdings nicht mehr groß auf Vorrat produziert, sondern anhand von Musterstücken die verschiedenen Möglichkeiten dargestellt, die ganz nach Wunsch des Einzelnen umgesetzt werden. Auch hier haben sich verwandte Bereiche zusammengefunden, um sich in der Gruppe zu ergänzen und gemeinsam an großen Lösungen zu arbeiten. Die Marktplätze dienten früher dem Verkauf – heute dienen sie in erster Linie der Kommunikation und dem Austausch, damit alle wissen, was es Neues gibt, denn die Menschheit ist sehr kreativ, und alle Kreationen sollen auch den andern Menschen bekannt sein, und daher sind die Marktplätze weiterhin sehr wichtig für die Region.

Die Waren des täglichen Bedarfs werden von den Produzenten an zentrale Verteilerstellen geliefert, die an die früheren Supermärkte erinnern. Dort bedient sich jeder in dem Ausmaß, wie er es für sich und seine unmittelbaren Mitbewohner benötigt. Es ist mehr als genug für alle da und die produzierten Mengen auf die Bedürfnisse und die Anzahl der Menschen in der Region abgestimmt. Es ist alles vorhanden, und die in den Verteilerstellen wirkenden Menschen verstehen sich als Vermittler zwischen den Konsumenten und den Produzenten, geben spezielle Wünsche weiter und kennen aus Erfahrung die Menge an Waren, die in der unmittelbaren Umgebung benötigt werden.

Explizit an dieser Stelle hat mir Erzengel Chamuel einen Satz durchgegeben, den ich nun nach mehrmaligem Lesen verstanden zu haben glaube. Ich lade Sie ein, ihn auf sich wirken zu lassen:

„Das neue Leben findet nicht mehr im Augenblick der Wahrheit statt, sondern es findet nurmehr in der Wahrhaftigkeit des ganzen Seins statt, und das bedeutet, dass jeder Mensch zwar Wahrheit empfindet, doch Wahrhaftigkeit ist das höchste Gut der Menschheit. Die Wahrheit bedeutet, dass jeder für sich ist und dass jeder erkennt, dass er auch ist – die Wahrhaftigkeit ist jedoch die höhere Sichtweise des Menschen und ermöglicht ihm ein ganz anderes Empfinden seiner selbst. Wahrhaftiges Sein bedeutet, dass jeder einfach nur ist, doch jeder auch weiß, dass er ein Teil des großen Ganzen ist, und daher ist die Wahrheit nichts als nur ein Teilbereich der Wahrhaftigkeit."

Ich interpretiere, dass Erzengel Chamuel damit erreichen möchte, dass wir unser Leben anders wahrnehmen – es geht nicht mehr um die Versorgung des Einzelnen, sondern es geht um die Deckung der Bedürfnisse aller Lebewesen im gleichen Ausmaß, und dazu bedarf es eines anderen Blickwinkels auf das ganze Sein der Menschheit.

Gaststätten

Gaststätten dienen nicht mehr nur der genussvollen Nahrungsaufnahme für all jene, die nicht selbst kochen möchten oder können, sondern sie haben ihre wichtige Bedeutung als Treffpunkt, ganz wie in früheren Zeiten, wiedererlangt. Im Vordergrund steht nicht der Konsum von Köstlichkeiten, sondern der Austausch. Man kann sie als erweitertes Wohnzimmer bezeichnen, in dem man zusammenkommt, um zu musizieren, sich zu unterhalten oder Besprechungen abzuhalten. Dass es dort Menschen gibt, die für die Besucher Getränke zubereiten und von Herzen gerne kochen, ist als eine willkommene Nebenerscheinung zu sehen. Wichtig ist zu bemerken, dass die Menschen, die dort zum Wohle der Besucher wirken, dies täglich nicht so wie früher 10 Stunden oder mehr tun, sondern nur in dem Ausmaß, wie es ihnen gefällt. Laufend stehen Gäste auf, gehen in die Küche und helfen mit, um köstliche Gerichte zuzubereiten, und nach einiger Zeit kehren sie in den Gastraum zurück, um sich wieder in die Diskussion einzubringen. Alles ist völlig ungezwungen, und wenn irgendwo Bedarf besteht, so finden sich umgehend mehrere Helfer, die freiwillig einen Beitrag leisten. Die Gaststätten werden ebenso von den zentralen Verteilerstellen mit allem versorgt, was sie für ihre Gäste benötigen. Das neue Leben beinhaltet vieles, was die alte Welt auch schon kannte, doch ist daraus nicht abzuleiten, dass alles so weiterläuft, wie es bisher gehandhabt wurde, sondern es geht darum, dass wir zwar gerne immer wieder zusammenkommen, doch auch darum, die Region immer mit neuen Informationen zu versorgen, damit alle in der Region die Neuigkeiten erfahren können und Neues auch hier gemeinsam entwickelt und umgesetzt werden kann. Die Gaststätten sind der Treffpunkt für die nähere Region, um sich auszutauschen und voneinander und miteinander zu lernen.

Lebensbereiche

Religionen / Glaubensgemeinschaften

Vor dem Aufstieg haben viele Menschen an die göttlichen Gesetze geglaubt, und diese hat es ja in Wahrheit auch gegeben, doch waren sie nie so gemeint, wie sie dargestellt wurden. Das Bewusstsein über die göttlichen Gesetzmäßigkeiten hat sich dramatisch verändert, und alle wissen jetzt, wie genau das zu verstehen ist. Das Gesellschaftsleben hat jetzt neue Regeln, und diese beruhen ausschließlich auf denen, die bereits in diesem Buch dargestellt wurden. Alle anderen religiösen Gesetze gibt es nicht mehr, und sie werden auch niemals Gültigkeit haben, denn sie wurden von Menschenhand manipuliert. Alle Religionen und Glaubensgemeinschaften haben sich aufgelöst – an deren Stelle ist die Wahrhaftigkeit getreten. Wahrhaftigkeit ist nichts anderes als Leben in der vollkommenen Wahrheit, und diese ist jetzt für jedermann klar und deutlich erkennbar.

Spirituelle Zentren

Alle Menschen in der Region haben nach dem Aufstieg begonnen, sich mit ihren neu gewonnenen Möglichkeiten auseinanderzusetzen, doch es gibt so dermaßen viel Neues zu entdecken, und nachdem diese Entwicklung von größtem Wert für alle Menschen und für die gesamte Erde ist, wurden in allen Regionen spirituelle Zentren errichtet. Hier trifft man sich, um miteinander zu meditieren, um gemeinsam Neues zu erfahren, was aus der geistigen Welt übermittelt wird, und man kann hier gemeinsam an Lösungen arbeiten und dazu auch Helfer aus anderen Dimensionen einladen. Hier wird gemeinsam daran gearbeitet, dass jeder sein volles schöpferisches Potenzial entdeckt, um damit gemeinsam die Welt immer weiter zu entwickeln. Die Menschen, die ihre Dienste in den spirituellen Zentren erbringen, kennen nur eines – die intensive Arbeit an der Entwicklung der Menschheit als Ganzes und der Erde. Das, was die Menschen aus den spirituellen Zentren mitnehmen, dient ihnen in ihrem täglichen Leben, weil sie dadurch bereichert werden und immer mehr aus den alten Gewohnheiten heraustreten können, um diese Welt und ihr unmittelbares Umfeld damit zu bereichern. Die zahlreichen spirituellen Zentren bilden ein Licht-Netzwerk, das sich um die ganze Erde spannt und verhindert, dass die Erde jemals wieder einen so tiefen Fall in die Dunkelheit erlebt, wie es schon einmal passiert ist.

Flüsse / Küstenregionen

Früher wurden Städte an Flüssen gebaut, denn sie dienten als Verkehrswege für unzählige Schiffe zum Transport von Gütern, um die Städte und Industrieanlagen zu versorgen und die in der Region hergestellten Waren in die ganze Welt zu verschiffen. Die Unberechenbarkeit des Wassers und die möglichen Folgen wurden dabei in Kauf genommen. Die heftigen Wellen der Flüsse, die durch Wetterkapriolen während der Erneuerung der Erde aufgetreten sind, haben dafür gesorgt, dass uns allen klargeworden ist, dass wir die Ströme der Erde nicht einengen dürfen und dass sie ihren Lebensraum zurückfordern. Wir Menschen sind Eindringlinge in diesen sensiblen Lebensbereich – daher sind bereits viele aus den Flussgebieten weggezogen, und es wird sich auch in Zukunft niemand mehr in der unmittelbaren Nähe eines Flusses ansiedeln.

An zahlreichen Stellen wurden die Flüsse früher mit großem technischem und baulichem Aufwand reguliert und zur Stromerzeugung aufgestaut. Heute haben die Kraftwerke ihre Bedeutung für das Leben der Menschen verloren, und wir haben überall damit begonnen, die Flüsse in ihren natürlichen Verlauf zurückzuführen – sie bekommen ihre Freiheit wieder. Die künstlichen Regulierungen wurden zurückgebaut, und die Lebensadern der Erde sind völlig rein und strotzen wieder voller Lebensvielfalt. Das Leben direkt an den Flüssen war bisher für uns eine wichtige Angelegenheit, doch haben wir verstanden, dass dieser Lebensraum für uns nicht geeignet ist, und daher respektieren wir den Weg des Wassers und sehen diese Bereiche nicht mehr als unseren Lebensraum an.

Auch in den Regionen direkt an den Küsten hatten sich unglaublich viele Menschen angesiedelt, und riesige Häfen dienten als Umschlagplätze von Waren aus aller Welt. Das Wasser fordert jedoch auch hier seinen Lebensraum zurück. Im Zuge der Transformation der Erde hat sich das Wasser aufgebäumt und uns unmissverständlich klargemacht, dass für uns Menschen das Leben an den Küsten nur bedingt vorgesehen ist und dass wir auf das Wasser Rücksicht nehmen und ihm seinen Freiraum lassen sollen. Daher werden die unmittelbaren Küstenregionen ebenfalls gemieden. Eine wichtige Erkenntnis war, dass wir Menschen auf der Erde Gäste sind und dass wir auf die Natur Rücksicht nehmen müssen und uns in den Regionen aufhalten, die für uns gut geeignet sind. Das Leben in den Regionen des Wassers ist für uns Menschen nicht einfach, denn wir müssen immer wieder darauf Rücksicht nehmen, dass das Leben der Naturwesen hier vorgeht und es in erster Linie darum geht, alles bereitzuhalten, was Mutter Erde braucht, um sich voll und ganz entfalten zu können.

Seit Beginn der intensiven Phase vor dem Aufstieg fordert alles Leben verstärkt seine gleichberechtigte Entwicklungsmöglichkeit – seine Freiheit, so zu sein, wie es sein möchte und von Natur aus ist. Flüsse, die als eigenständige Lebewesen zu sehen sind, wurden gezwungen, ihren Verlauf so zu verändern, wie es uns Menschen gefallen hat, und ihre Freiheit wurde ihnen gewaltsam genommen. Den Meeren ist es nicht besser ergangen, und jetzt fordern diese Lebewesen ihre Freiheit zurück, und all jene, die nicht dazu bereit sind, allem Leben seine Freiheit zurückzugeben, werden die Kraft der Natur zu spüren bekommen. Hier wirkt das Gesetz von Ursache und Wirkung – alles kommt zurück!

Wie wir bereits im Buch *Die Gesellschaft 2015* erfahren haben, wird es zahlreiche Regionen der Erde geben, die wir Menschen der Wildnis vollständig überlassen und uns auf die mehr als ausreichenden Bereiche beschränken, die für uns als Lebensraum vorgesehen sind. Sich um das höchste Wohl allen Lebens zu bemühen, bedeutet auch, gegebenenfalls Gewohnheiten, die dem höchsten Wohl anderer entgegenstehen, aufzugeben und sein Leben den Umständen anzupassen. Wobei das höchste Wohl aller nicht bedeutet, dass die erforderlichen Veränderungen für den Einzelnen mit Einschränkung seines Wohlergehens einhergehen, denn das höchste Wohl schließt absolut alle mit ein, und es gibt immer eine Lösung, mit der alle glücklich sind. An Gewohnheiten zu Lasten anderer festzuhalten, widerspricht den Grundprinzipien der allumfassenden göttlichen Liebe. Dies ist uns mehr als bewusst, und daher haben wir uns bereits aus vielen Regionen zurückgezogen und fühlen uns überglücklich zu beobachten, wie sehr diese Gebiete mit neuem Leben erfüllt werden.

Fernreisen / Hotels

Wenn wir unsere Heimatregion für einen längeren Zeitraum verlassen, so begeben wir uns in unserem energetischen Feld, das uns umhüllt, physisch auf Reisen. Im Vorfeld haben wir in unserer Zielregion

Bescheid gegeben, dass wir einen Aufenthalt planen, und darum gebeten, dort aufgenommen zu werden. Die Menschen in der Zielregion sehen Gäste als ganz besondere Freunde und bemühen sich nach allen Kräften, sie zu umsorgen und mit allem zu versorgen, was man sich nur wünschen kann. Den Gästen wird eine außergewöhnliche Wohlfühlatmosphäre geschaffen und die Besonderheiten dieser Region nähergebracht, damit sie eine unvergessliche Erfahrung machen können. Früher nannten wir die Unterkünfte Hotels – heute erfüllen die Räumlichkeiten jedoch eine veränderte Funktion, denn sie sind nicht nur einfach da, um die Menschen zu beherbergen, sondern sie bieten sehr viel mehr, denn die Gäste werden nicht als Touristen gesehen, sondern sie sind willkommene Besucher, denen von den Menschen in der Region etwas ganz Besonderes geboten wird, und wir tun viel mehr, damit sich die Gäste wohlfühlen. Gäste sind für alle in der Region eine Bereicherung und eine willkommene Ergänzung, denn sie bringen ja ganz andere Ansichten und Erfahrungen mit als jene, die vielleicht bisher in dieser Region gemacht werden konnten. Eine Reise ist nicht mehr einfach nur ein Urlaub für vielleicht eine oder zwei Wochen, um sich von den Strapazen des Berufslebens zu erholen, sondern eine Reise in eine fremde Region ist eine Art Bildungsreise, auf der man Neues kennenlernt und erforscht, um bereichert wieder nach Hause zu kommen und die neuen Erkenntnisse in der Heimatregion zu integrieren. Bereichert werden beide – Besucher und die Gastregion. Nachdem das Leben ja keine Pflichten mehr kennt, sondern nur noch Vergnügen, künstlerischer Ausdruck, persönliches Wachstum, Erweiterung von Wissen und die Suche nach neuen Erfahrungen ist, brauchen wir auch nicht mehr wie früher dem mühevollen Alltag zu entfliehen. Ein Reisender fühlt sich am Zielort ebenso zu Hause wie in seiner Heimatregion, denn unser Zuhause ist der gesamte Planet!

Sport

Sportliche Betätigung wurde in der alten Welt meist als Wettkampf ausgetragen – es ging darum, besser als die anderen zu sein, und ständig wurde gemessen, verglichen und versucht, sich gegenseitig zu übertrumpfen. Dies wurde oft so weit getrieben, dass sogar gesundheitliche Folgeschäden und schwere Verletzungen in Kauf genommen wurden, nur um den Sieg davonzutragen, sich als Gewinner zu fühlen und die Lorbeeren zu ernten. Im Profisport ging es dabei um Unsummen von Geld – ganze Wirtschaftszweige waren von den Wettkämpfen abhängig, und der Athlet war nur so lange etwas wert, wie er in den vordersten Rängen zu finden war. Die Zuschauer waren vom Spektakel so gefesselt und fieberten mit ihrer Mannschaft mit – die Emotionen gingen bei gewissen Mannschaftssportarten laufend hoch und entluden sich auf dem Spielfeld und/oder den Zuschauerrängen nicht selten in Form von Aggression und Gewalt. Nicht weiter berücksichtigt wurde dabei, dass bei jedem Kampf niedrig schwingende Energie freigesetzt wird und es einen Gewinner, aber auch einen oder mehrere Verlierer gibt.

Heute wird mehr Sport denn je betrieben, doch ist alles ganz anders! Wettbewerbe werden nicht mehr ausgetragen, sondern die Künste, die über die Beherrschung des Körpers zum Ausdruck gebracht werden, werden entweder einzeln oder in Gemeinschaft vorgeführt, und jeder Athlet strebt danach, seinen Körper in dem Maße beherrschen zu lernen, dass er seiner Kunst die größtmögliche Ausdrucksform verleiht. Die Fähigkeiten werden jedoch nicht dazu genutzt, um etwas zu gewinnen oder jemanden zu besiegen, sondern als Bereicherung für einen selbst oder für ein bestimmtes Publikum. Sport ist Ausdruck von körperlichen Fähigkeiten – alles, was der Körper tun kann, wird gezeigt, und die Beherrschung des Körpers ist eine wunderbare Sache für all jene, die daran Freude haben. Die körperliche Betätigung macht vielen Spaß, auch wenn nicht alle sich dafür entschieden haben, den Körper so zu trainieren, dass daraus auch eine künstlerische Darbietung entsteht. Es ist uns allen eine

Freude, permanent an unseren Körpern zu arbeiten, denn der Körper ist unser Werkzeug, und dieses Werkzeug möchtet wir so gut wie möglich einsetzen können. Wir haben zahlreiche Möglichkeiten kennengelernt, wie wir unseren Körper dazu animieren und vorbereiten, eine gewisse Leistung zu erbringen. Das Leben in diesem Körper ist mehr als ein bewusster Akt geworden, denn das Leben macht uns viel mehr Spaß, seit wir erkannt haben, dass der Körper nicht nur ein Werkzeug ist, sondern Ausdrucksmittel dessen, was in uns steckt, was wir als Lebewesen gerne sein möchten – wir verkörpern unser Innerstes.

Kunst und Kultur

Die bisherigen Schilderungen beziehen sich überwiegend auf das Funktionieren der Gemeinschaft und die Versorgung aller mit allem, was sie benötigen und haben möchten. Dies funktioniert zwischenzeitlich wieder lückenlos und bindet im Gegensatz zu unserem früheren Leben durch das Mitwirken aller nur einen geringen Anteil unserer Zeit und unserer Potenziale. Die verbleibende Zeit des Tages widmen wir ganz unterschiedlichen Dingen, jeder ganz nach seinen persönlichen Interessen. Der künstlerische Ausdruck ist uns allen ein großes Bedürfnis – jeder wählt seine ganz besondere, individuelle Art und Weise und stellt sein Wirken wiederum von Herzen gerne allen anderen zur Verfügung. Musik dient nicht nur der Unterhaltung und zur Förderung der Stimmung, sondern Musik ist Schwingung, Emotion, Energie, Lebensfreude, und es wird auch nur noch auf eine Art und Weise musiziert, die unser Wohlbefinden positiv beeinflusst. Diverse frühere Musikrichtungen, die das Schwingungsniveau gesenkt haben, werden nicht mehr praktiziert, sondern genau das Gegenteil ist das Ziel. So werden laufend zahlreiche Konzerte gegeben, die für Jedermann frei zugänglich sind – die entsprechenden Bühnen stehen überall bereit. Dazu wird natürlich auch fleißig getanzt und über die Bewegung die Wirkung der Musik auf unser Wohlbefinden verstärkt.

Das Schauspiel dient der Unterhaltung und dem Transport tiefgreifender Botschaften – es dient in erster Linie der Darstellung von Lebenssituationen, in denen die Menschen etwas für sich mitnehmen können. Andere wieder haben sich der Malerei verschrieben und bemalen nicht nur Leinwände, sondern unter anderem auch Wände und Häuser – wiederum mit dem Ziel des höchstmöglichen Wohlbefindens aller, denn auch dabei geht es um den Ausdruck von positiven Emotionen sowie die Beeinflussung der Schwingung rund um das Kunstwerk. Die bildnerischen Künste verfolgen das gleiche Ziel, und die Vielfalt im Ausdruck ist unerschöpflich. So zieren unzählige Skulpturen unsere gesamte Welt. Ein Künstler möchte mit seinem Wirken die Welt bereichern. Niemand hat mehr Interesse daran, dass die Menschen für Kunst oder Kunstwerke etwas bezahlen, denn die Künstler leisten mit ihrer Kunst gerne einen Beitrag für die Gemeinschaft und dienen damit dem großen Ganzen. Das Leben als Künstler ist der Ausdruck seines ganzen Seins durch die Künste seines Körpers, den er soweit trainiert hat, dass daraus eine außergewöhnliche Darbietung geworden ist. Der Ausdruck der Menschen und ihres Seins ist Vergnügen pur, denn zu sehen, was andere sind, bereichert jeden Einzelnen sehr, und so ist dem Ausdruck des Einzelnen keine Grenze gesetzt, und es sind immer zahlreiche Menschen anwesend, denn sie möchten gern das sehen, was dargeboten wird.

Das Leben macht uns so dermaßen viel Spaß, dass es von außen keinerlei zusätzlicher Impulse bedarf, um glücklich zu sein.

Zusammenfassung / Der Sinn des Lebens

Früher haben wir uns nahezu ausschließlich mit unserer rein physischen Existenz beschäftigt und uns darum bemüht, unser Leben so angenehm wie möglich zu gestalten und das Geld zu verdienen, um überleben zu können und es im Laufe der Zeit immer komfortabler zu haben und uns etwas leisten zu können. In der sogenannten Freizeit haben wir oftmals die Zeit totgeschlagen und unseren Geist mit seichter Unterhaltung betäubt. Heute verstehen wir unser Sein völlig anders – die reinen Überlebensangelegenheiten sind kein wirkliches Problem mehr, da es keinerlei Bedrohungen unserer Existenz mehr gibt. Die Zeit, die wir aufwenden, um unsere rein physische Existenz zu sichern, ist minimal und ein Kinderspiel – es bleibt daher sehr viel Zeit, um uns in unserem gesamten Sein zu begreifen und das Leben als schöpferisches Wesen auf Erden zu erforschen. Wir begnügen uns nicht mehr mit reiner Unterhaltung, sondern verstehen uns als Künstler, die mit allem experimentieren, was zur Verfügung steht, und nach und nach das Leben auf allen Ebenen erkunden. Wir lernen täglich, um vollständig zu verstehen, wie das Leben auf der Erde in seiner Gesamtheit funktioniert. Wir sind besonders neugierig, und es interessiert uns alles sehr – wir haben daher intensiven Kontakt zu allem, was wir vorfinden, denn überall steckt ein Bewusstsein, eine Intelligenz dahinter, von der wir lernen können. All jenen, denen der Kontakt zu den zahlreichen Wesenheiten auf und in der Erde nicht mehr ausreicht, die haben begonnen, sich mit anderen Dimensionen zu beschäftigen.

Das Hauptaugenmerk in der sogenannten Freizeit, von der es reichlich gibt, liegt nun nicht mehr auf der Unterhaltung, sondern auf dem persönlichen Wachstum – ein Entwicklungsweg, der niemals endet und auf der Erde ganz besonders spannend ist. Weiterentwicklung bedeutet, immer mehr über uns selbst und unser Sein zu erfahren und in immer höhere Schwingungsebenen vorzudringen. Wir sehen unsere Existenz als eine göttliche Schule – darin enthalten ist alles, was man erfahren muss, um ein Schöpfer zu sein, der wirklich alles erschaffen kann, was er sich vorstellt. Diese Schule durchleben wir jetzt, und es hat uns allen die wahre Freude ins Leben gebracht, nach der wir schon so lange suchten.

Abschließender Grundsatz

Der göttliche Plan zeichnet sich in allen Bereichen durch nicht zu überbietende Einfachheit aus – auch wenn es mein Auftrag war, hier näher ins Detail zu gehen, so würde aus meiner Sicht dieser einfache Satz ausreichen, um die vollkommene Erde zu beschreiben:

„Alle Menschen aller Völker dieser Erde helfen zusammen und arbeiten unentwegt an ihrem gemeinsamen Ziel – dem höchsten Wohlergehen allen Lebens –, und nachdem das höchste Wohlergehen allen Lebens immer und immer wieder zu überbieten ist, hört daher diese Arbeit niemals auf!"

Vorbereitung

Die Welt, die auf euch wartet, ist das Eine, und die Welt, die ihr derzeit noch vorfindet, ist das Andere, worum ihr euch momentan noch zu kümmern habt. Seht alles, was auf euch zukommt, letztlich als Vorbereitung auf das, was jetzt auf euch wartet. Habt Vertrauen, dass diese Welt genau so auf euch wartet, wie ihr sie hier beschrieben bekommen habt, und geht einen Schritt in eurer Entwicklung weiter, indem ihr anfangt, diese alte Welt zu verlassen, indem ihr euch aus der Welt herauslöst und alles macht, was dafür notwendig ist. Die neue Welt ist die Welt, die ihr euch wünscht, und die alte Welt ist die Welt, die ihr erschaffen habt, ohne genau zu wissen, dass ihr sie selbst so erschaffen habt. Daher braucht ihr den Weg aus der Welt heraus, denn die alte Welt ist nur noch dazu da, um alles hinter euch zu lassen, was ihr in die neue Welt nicht mitnehmen wollt oder könnt. Euer neues Leben wurde hier bereits skizziert, und das alte Leben möchte von euch erlöst werden, denn es will nicht mehr ein Bestandteil von euch sein, und daher braucht ihr einen Ausweg, und der heißt Auflösung – löst alles auf, was euch noch mit der alten Welt verbindet.

Hinweis: Ich habe an dieser Stelle den Impuls bekommen, einige Werkzeuge zusammenzufassen, die erfahrungsgemäß hilfreich und für jedermann leicht anzuwenden sind, um sich einfacher aus der alten Welt lösen zu können. Bei den Meditationen kann es hilfreich sein, wenn Ihnen diese langsam vorgelesen werden und Sie jemand durch die einzelne Meditation führt.

Das Ego umprogrammieren

Vorbemerkung: Das größte Hindernis, um die alte Welt loszulassen, ist unser Ego, denn es möchte mit aller Kraft den Istzustand aufrechterhalten und wehrt sich mit allen Mitteln gegen Veränderungen. Es will die Illusion weiter leben, denn durch das Ego wurde die alte Welt erschaffen. Erzengel Jophiel geht im Buch „Die Heilung, die dir zusteht" ausführlich auf das Thema Ego ein und erklärt auch, wie man das Ego umprogrammieren kann. Daraus ist durch die Vorarbeit einer Leserin die nachstehende, sehr wirkungsvolle Meditation entstanden:

Meditation: Schließe die Augen – entspanne dich und atme mehrmals bewusst tief ein und aus…

Bitte nun dein Ego, zu dir zu kommen – visualisiere es – bitte es, sich vor deinem geistigen Auge zu zeigen. Lass dir Zeit – du bekommst bestimmt eine Wahrnehmung deines Egos, egal wie diese auch sein mag…

Wenn du mit deinem Ego Kontakt aufgenommen hast, bedanke dich bei ihm. Sag ihm Dank für die hervorragenden Dienste, die es dir geleistet hat, und für alles, was es für dich getan hat. Überschütte es mit der Liebe aus deinem Herzen.

Jetzt sage ihm, dass die Zeit des Kampfes vorbei ist und du ein neues Ziel verfolgst. Dieses Ziel ist nicht mehr dein persönlicher Vorteil, sondern ab sofort die Einheit mit allen anderen Menschen und mit der Natur, den Tieren, Pflanzen und dem Planeten Erde. Denn du gehörst dieser Einheit schon so lange an und jetzt wird dir dieses auch voll und ganz bewusst. Sag in Gedanken: "Bitte, liebes Ego, geliebter innerer Freund, unterstütze mich in diesem Prozess der Bewusstwerdung der Zugehörigkeit zur göttlichen Einheit. Warnungen durch Ängste sind nicht mehr notwendig, denn ich weiß, dass ich unsterblich bin und mich vor nichts zu fürchten brauche. Unterstütze mich bei allen Entscheidungen, in denen mir noch Klarheit fehlt, die Möglichkeit zu finden, die dem Prinzip der Einheit am meisten dienlich ist. Sei mein innerer Wächter – wache über alles und weise mich nur dann klar und deutlich darauf hin, wenn etwas nicht zu meinem höchsten Wohl und nicht zum höchsten Wohl der Einheit ist. Nimm diese neue Aufgabe jetzt an und suche dir deinen neuen Platz in meinem Innersten. Ziehe dich jetzt dorthin zurück, um mir bei der Ausrichtung nach dem Prinzip der Einheit behilflich zu sein. Alle anderen Aufgaben der Vergangenheit lasse jetzt für immer los. Ich danke dir aus tiefstem Herzen dafür, dass du diese neue Aufgabe von diesem Moment an übernommen hast und Dich von nun an nur noch ausschließlich darauf konzentrierst!"

Nun sieh, wie sich dein Ego wandelt, vielleicht seine Gestalt, sein Aussehen und seine Größe verändert und sich darauf vorbereitet, die neue Aufgabe zu übernehmen. Frag es, ob es noch etwas braucht, um von der alten Aufgabe restlos abzulassen und diese neue Aufgabe vollständig erfüllen zu können. Sowie alle zufrieden sind, bedanke dich bei deinem Ego und bitte es, nun den ihm zugewiesenen Platz einzunehmen.

Atme wiederum ganz bewusst ein und aus, recke und strecke dich erfreut und voller Dankbarkeit und komme wieder ins Hier und Jetzt zurück.

Anmerkung: Ich spreche aus Erfahrung, wenn ich behaupte, dass man ab diesem Zeitpunkt in zahlreichen Situationen ganz anders reagiert als zuvor und die Werte sich zu verändern beginnen, denn die Ausrichtung ist ab sofort auf die Einheit gerichtet und alles dreht sich vorwiegend um die Erschaffung unserer neuen Welt. Die Dankbarkeit, die man dadurch erfährt, ist unbeschreiblich, denn von allen Seiten kommt Unterstützung. Freuen Sie sich, denn Sie sind der neuen Zeit einen großen Schritt näher gekommen!

Heilung der Umstände

Vorbemerkung: Wir alle haben zahlreiche Situationen erlebt, in denen wir in der Opferrolle schmerzhafte Erfahrungen gemacht haben. Zumeist wurden entweder bewusst oder unbewusst Emotionen in uns gespeichert, die einen entspannten Umgang mit dem Gegenpol in dieser Erfahrung erschweren. Die nachfolgende, sehr hilfreiche und heilsame Meditation wurde mir zur Heilung der Umstände, die zu den Erfahrungen geführt haben, von Erzengel Michael durchgegeben:

Meditation: Genieße den Augenblick, denn es ist ein ganz besonderer – es ist der Augenblick, in dem du den Zugang zu deinem Innersten öffnest. Du öffnest den Eingang zu deinem Herzen, das, so wie alles andere von dir, seinen göttlichen Ursprung spüren kann. Du bist ein Kind Gottes und als solches kannst du all die Liebe und die Güte des Schöpfers in dir darstellen. Du kannst dich darauf konzentrieren, dass du völlig wertfrei all deine Erlebnisse noch einmal durchgehst, dich erinnerst und alles von Anfang an noch einmal erlebst. Genieße den Augenblick, denn es ist der Moment, in dem du dich und deine Liebe zu allen Geschöpfen dieser Erde erkennst und voll in dich integrierst. Du hast diesen Augenblick gewählt, weil du bereit bist, dich für die Liebe des Schöpfers zu öffnen, darum öffne nun dein Herz und lass all die Liebe, die bereits in dir steckt, frei fließen – lass sie fließen in den freien Raum des Universums und beglücke alle Wesen dieser Erde mit deiner Göttlichkeit. Du bist heute hierhergekommen, weil du einen Weg gesucht hast, wie du dein Leben mit Sinn erfüllen kannst, und dieser Sinn wird dir genau in diesem Moment völlig klar und deutlich vor deinem inneren Auge sichtbar.

Der Sinn liegt darin, die Liebe in dir und die Göttlichkeit in dir in allen Augenblicken deines weiteren Lebens zum Ausdruck zu bringen. Das ist dein Lebenszweck – die

Liebe Gottes, der in dir sitzt und durch dich spricht, zur Geltung zu bringen. Das ist die Bestimmung deiner Existenz, darum nimm es an – nimm deine Göttlichkeit und deine Liebe an und sie werden dich in allen Momenten der Zukunft begleiten. Öffne dein Herz für die Liebe der anderen und öffne dein Herz zur Vergebung. Die Vergebung ist eine der größten Tugenden, die ein liebendes Geschöpf ausmacht. Du bist so ein liebendes Geschöpf und du bist in der Lage, alle deine Erlebnisse unter einem völlig neuen Gesichtspunkt zu betrachten, denn alles, was dir in deinem Leben widerfahren ist, kann jetzt durch deine Liebe geheilt werden. Alles, was auch immer in deinem Leben vorgefallen ist – jeglicher Schmerz, der dir zugefügt wurde, und jeglicher Verlust, den du erleiden musstest, wird jetzt geheilt – durch die Liebe deines Herzens.

Du hast alle Möglichkeiten in dir, um diese Liebe aufzubringen, und du kannst dir alle möglichen Ereignisse vorstellen und dich daran erinnern, wie sie abgelaufen sind – das ist der Ansatz für deine Liebe, denn du wirst diese Momente des Schmerzes und des Verlustes durch ein anderes Licht und aus einem anderen Blickwinkel betrachten – dem Blickwinkel deiner Göttlichkeit und der Unsterblichkeit aller Seelen. Du bist hier, um Erfahrungen zu sammeln, und deine Erlebnisse haben dir viele Erkenntnisse und viel Weisheit gebracht – dies zu erleben, war Zweck deiner Erlebnisse, und diese Erlebnisse sind jetzt an der Reihe, geheilt zu werden – geheilt durch deine Liebe aus vollstem Herzen. Sende diese heilende Energie an alle diese Ereignisse, die dir widerfahren sind, und genieße das gute Gefühl, wie sie sich langsam, aber sicher in vollster Liebe auflösen. Das Einzige, was bleibt, ist die Liebe und die Erinnerung an die Erkenntnisse, die du daraus ziehen solltest.

Der Schmerz ist vergessen und das Leid ist vergeben, denn die Liebe Gottes kennt keine Wertungen – die Liebe

Gottes kennt keine Urteile, die Liebe Gottes verurteilt nicht. Die Liebe Gottes vergibt, und du bist ein Teil dieses Schöpfers der größten Liebe im Universum. Du trägst diese Liebe in dir und du kannst alles, was immer du in deinem Leben erlebt hast, jetzt heilen – nutze die Gelegenheit und gehe durch deine Erinnerung und heile jeden einzelnen Moment, der dir in den Sinn kommt – überschütte ihn mit deiner ganzen Liebe und heile alle Umstände, die damit in Verbindung stehen. Überschütte alles mit der unsagbar großen Liebe Gottes, und du hast dein Leben so gelebt, wie es von Anfang an vorgesehen war – du hast deine Erfahrungen gemacht, und du hast die Erkenntnisse daraus gezogen. Das hast du deshalb getan, weil du dorthin zurückfinden sollst, von wo du abstammst – zu deiner Göttlichkeit, die dich von Anfang an begleitet hat und jetzt zum richtigen Zeitpunkt darauf drängt, zum Ausdruck gebracht zu werden.

Das Leben auf der Erde ist der Mittelpunkt eures Daseins, und das Leben besteht aus Erfahrungen, die mit Emotionen verbunden sind. Das geschieht alles deshalb, weil diese Emotionen einprägsamer sind als nur Geschichten, die einem erzählt werden – genau diese Emotionen haben dich geprägt, und sie stehen dir als Mahnmal zur Verfügung, um dich auf den richtigen Weg zu bringen – auf den Weg zu deiner inneren Göttlichkeit. Dort befindest du dich jetzt gerade in diesem Augenblick und von dort entspringt all die göttliche Liebe, die du aufbringst, um deine Erfahrungen zu heilen. Diese Göttlichkeit spricht ab sofort aus dir und sie wird dich überallhin begleiten und du wirst danach trachten, dass jeder Gedanke und jede Handlung unter diesem göttlichen Gesichtspunkt der uneingeschränkten und bedingungslosen Liebe stattfindet. Das ist deine Bestimmung und genau dieser Bestimmung kannst du von nun an uneingeschränkt folgen. Nutze es, denn du bist die Kraft, die all das ermöglicht hat. Nutze deine Kraft, um die Liebe in dir voll und ganz zu entfalten. Alle Engel sind bei dir, wenn du in deiner Liebe ruhst, und alle deine Lieben werden es spüren, dass du zu ihnen stehst, auch wenn sie schon lange nicht mehr auf dieser Erde weilen. Gott sei mit Dir!

Der Strahl der Liebe und der Vergebung

Eine gute Ergänzung zur Meditation zur Heilung der Umstände ist dieses wunderschöne Ritual. Das Ziel ist die Heilung der Beziehung zu einem einzelnen Menschen, mit dem es Konfliktsituationen gegeben hat und aus denen belastende Emotionen zurückgeblieben sind. Bei einschneidenden Ereignissen ist es oftmals schwer, jemandem zu verzeihen und das Erlebte zu verarbeiten, auch wenn das Prinzip der Polarität bekannt ist und das Täter-Opfer-Prinzip erkannt wurde. Dieses einfache und wirkungsvolle Ritual hilft dabei:

➤ Sammle verstärkt Energie in deinem Herzen – wie bei einem Vulkan, der kurz vor dem Ausbruch steht, und halte diese Energie vorläufig noch zurück. Nun programmiere diese Energie mit folgenden Worten:

➤ „Dies ist der Strahl der Liebe und der Vergebung, ich vergebe mir, ich vergebe Dir und ich bitte auch für mich um Vergebung. Ich bitte darum, dass sich hiermit alles, was unsere Beziehung jemals belastet hat, in Licht und Liebe transformiert."

➤ Im nächsten Schritt wird die Zielperson vor dem geistigen Auge visualisiert, bis sie klar und deutlich erkennbar ist.

➤ Nun richte den weichen, sanften Strahl der Liebe und der Vergebung, der aus deinem Herzen kommt, auf die Zielperson und hülle diese in das wundervolle rosarote und grüne Licht deines Herzens ein. Umhülle die Person mit einer für dich durchsichtigen Wolke aus Herzenslicht.

➤ Richte den wundervollen Lichtstrahl für ca. 1 Minute auf den Empfänger und sieh zu, wie dieser darauf reagiert, und nimm wahr, wie du dich dabei fühlst.

Hinweis: Die Reaktion der Zielperson kann sehr unterschiedlich ausfallen. Mancher winkt nur fröhlich, andere lachen, manche erscheinen gestärkt, wieder andere lösen sich in diesem Licht auf oder sie gehen in Frieden. Demnach ist dieses Ritual auch für Verstorbene geeignet, die man dann loslässt und ins Licht gehen lässt. Manche können diese Energie jedoch nicht sofort annehmen und wenden sich ab – dies könnte dich im ersten Moment irritieren, und man könnte glauben, dass das Ritual fehlgeschlagen ist, doch neutralisiert dieses Ritual die bei dir angestauten negativen Emotionen auf jeden Fall, auch wenn der Empfänger des Strahls der Liebe und der Vergebung diese Energie derzeit nicht annehmen kann. Die ablehnende Reaktion bedeutet dann lediglich, dass der Empfänger des Strahls selbst noch ein Thema diesbezüglich zu bereinigen hat – dies ist jedoch dessen Angelegenheit und betrifft dich nicht!

Wichtig: Fühle dich nach Beendigung des Rituals nochmals in die Beziehung zur Zielperson hinein und stelle fest, ob das Verhältnis für dich jetzt von negativen Emotionen befreit ist und sich neutral, entspannt und positiv anfühlt. Du wirst feststellen, dass du dich bei der nächsten Begegnung viel leichter tust, mit geöffnetem Herzen auf die Person zuzugehen. Wird dieses Ritual im Zuge einer Therapie-Sitzung vorbereitend oder ergänzend angewandt, so erleichtert und beschleunigt dieses den weiteren Verlauf.

Überquere die Brücke in die neue Zeit

In einer Meditation ist mir ein Bild erschienen, das mir zwei Welten zeigt und eine Brücke, die diese beiden Welten miteinander verbindet. Auf der einen Seite unsere „alte Welt" – sie ist dunkel, schwer, traurig, voller Kampf ums Überleben und voller müder und abgekämpfter Menschen, die gerne diese Welt verlassen und die Brücke in die „neue Welt" überqueren möchten. Die „neue Welt" ist leuchtend hell, sie erstrahlt in allen möglichen Farben, fühlt sich leicht, friedlich und voller Herzenswärme an, und hier kann jeder einfach nur sein, ohne irgendetwas zu müssen. Das Licht ist so hell, dass man anfangs davon geblendet und überwältigt ist, doch das gibt sich, je länger man in das Licht blickt. Um die Brücke überqueren zu können, sind jedoch einige Vorbereitungen erforderlich – man muss alles zurücklassen, was aus der alten Welt stammt. Alles, was man an materiellen Dingen erschaffen hat, muss zurückbleiben, alle alten Verstrickungen müssen zuvor gelöst und jegliche negativen Gefühle, die einen noch zurückhalten, abgelegt werden. Nur völlig nackt und rein, wie bei der Geburt, kann der Einzelne die Brücke betreten und in die „neue Welt" hinüberwechseln. Ich sehe auch die „alte Welt" ganz langsam abdriften und sich von der „neuen Welt" entfernen, und dies lässt erahnen, dass die Brücke nicht dauerhaft bestehen bleiben kann, weil sie diese Welten nur über einen kurzen Zeitraum miteinander verbindet. Vor der Brücke hat sich eine Ansammlung vieler Menschen gebildet, die alle gerne hinübergehen möchten, doch können oder wagen sie es noch nicht, diese Brücke zu überqueren – der Grund dafür könnte einerseits Angst vor dem Unbekannten sein und andererseits könnte es daran lieben, dass sie die „alte Welt" noch nicht losgelassen haben, weil es noch etwas gibt, das sie zurückhält, und bevor sie dies nicht bereinigt haben, können sie nicht weitergehen.

In einer Durchgabe der Hatoren an Tom Kenyon habe ich zusammengefasst gelesen, dass für einen kurzen Zeitraum Zeitlinien parallel verlaufen und eine Art Knotenpunkt bilden, bevor sie sich wieder voneinander wegbewegen, und jeder von uns hat die Möglichkeit, die Zeitlinie zu wechseln. Vereinfacht dargestellt führt die eine Zeitlinie in den Untergang, so wie es für unsere „alte Welt" vorhersehbar ist – eine weitere Zeitlinie führt sprichwörtlich ins Paradies – in die „neue Welt" – und jetzt steht jeder Einzelne vor der Wahl, ob er auf der bekannten Zeitlinie bleiben möchte oder auf die neue Zeitlinie hinüberwechselt und eben diese Brücke überquert.

Frage: Ist dieses Bild und die Darstellung der Hatoren passend, um die aktuelle Phase, in der wir leben, zu beschreiben, und was ist jetzt die Herausforderung für jeden Einzelnen und für uns alle zusammen, um die Brücke überqueren zu können?

Antwort: Es ist so, dass diese alte Welt sehrwohl noch weiter existieren wird, doch ist sie nicht mehr auf der Erde vorzufinden, denn es gibt zahlreiche andere Welten, die ähnlich verlaufen, doch das ist nicht euer Thema. Ihr habt die Möglichkeit, alles vorzunehmen, was ihr möchtet, um in die neue Welt hinüberzugehen, denn nichts ist uns lieber, als euch schon auf der anderen Seite der Brücke zu wissen.

Vorbemerkung: Passend dazu wurde mir vor kurzem von Erzengel Michael eine Meditation durchgegeben, die uns beim Loslassen von allem, was uns noch in der alten Welt zurückhält, und beim Übergang in die neue Welt hilfreich ist:

Meditation: Nimm dir Zeit und setze dich zurück, um ganz entspannt das Leben vor deinem geistigen Auge betrachten zu können. Setze dich zurück und halte an, halte alles an, was derzeit in deinem Leben am Laufen ist. Dann, wenn du erkannt hast, dass dein Leben letztlich ein Fluss ist, der nicht immer dorthin fließt, wo du es gerne hättest, begib dich ans Ufer und trete aus diesem Fluss heraus. Wenn du erkannt hast, dass dieser Fluss nicht der einzige ist, den es auf der Erde gibt, dann kannst du auch erkennen, dass es möglich ist, dein Leben von Grund auf neu zu gestalten.

Das Leben auf der Erde ist eine Ansammlung von Entscheidungen, die du in deinem Leben selbst getroffen hast. Du triffst sie jeden Tag aufs Neue, und du kannst sie auch jeden Tag verändern, wenn sie dir nicht mehr gefallen. Wenn du es geschafft hast, das, was dir nicht mehr gefällt, hinter dir zu lassen, dann kannst du dir ein neues Leben vorstellen, was darin alles enthalten sein soll und wie du dich darin fühlst. Nimm dir die Zeit, um jetzt sofort damit zu beginnen – nimm dir die Zeit und kreiere alles neu, was du gerne haben möchtest. Du hast die Kraft und du hast die Möglichkeit, alles zu verändern, was dir nicht mehr nützlich ist.

Wenn du es geschafft hast, dir das Leben vorzustellen, das du gerne führen möchtest, und du es tief in deinem Innersten fühlen kannst – tief in deinem Herzen spüren, wie es sich anfühlt, dieses neue Leben zu führen –, dann kreiere es jetzt ganz bewusst, indem du deine Gedanken nimmst, sie mit deinem Gefühl verbindest und die Liebe als Basis für dein Leben annimmst. - Das, was du als Liebe empfindest, ist die Basis für alles, was dein Leben beinhalten sollte. Es ist wichtig, dass du die Liebe spürst, denn nur das, was du als Liebe bezeichnest, kann in dieser neuen Welt existieren.

Jetzt, wo du genau weißt, was du alles leben möchtest, ist es für dich ein Leichtes, diese neue Welt zu betreten. Nimm dir die Zeit und sieh genau hin, welche Welt du gestaltet hast, bevor du sie betrittst. Nimm dir die Zeit und erfühle genau, wie sie sich anfühlt, bevor du hinübergehst, um sie ein für allemal zu betreten und dort in der Liebe weiterzuleben. Das, was dort auf dich wartet, ist ein Leben, das voller Freude und Liebe ist – nichts, was dich mit der alten Welt verbindet, hat dort noch seinen Platz.

Die neue Welt hat keinen Platz für Altes, und sie kann auch nichts mehr aufnehmen, was aus der alten Welt gekommen ist, was nicht dem Prinzip der Liebe entspricht. Also musst du alles zurücklassen, was dich noch mit der alten Welt verbindet. Nimm alles, was an dir hängt – alles, was dich belastet, und alles, woran du festhältst, das du glaubst, in deinem neuen Leben noch zu brauchen, was aber nicht unbedingt die reine Liebe zur ganzen Schöpfung repräsentiert, und lass es los – übergib alles dem Fluss, aus dem du gekommen bist, und gib alles wieder dort hinein, denn es gehört zur alten Welt, aus der du kommst, und nimm nichts mit, was dich damit noch in Verbindung bringt. Das neue Leben wartet auf dich – es ist kreiert und wartet, dass du beginnst, es zu leben. Also mach dich auf den Weg und überquere die Brücke in diese neue Welt – nichts hält dich in der alten Welt mehr zurück, denn alles hast du abgelegt – jetzt ist es an der Zeit, das, was du nun haben möchtest, im Detail zu kreieren, indem du deinen schöpferischen Geist dazu benutzt.

Dein neues Leben wird dir so viel Freude bereiten, dass du ohne einen einzigen Gedanken von Wehmut in diese alte Welt zurückblicken und dort erkennen kannst, was noch für dich zu erkennen ist, doch das Leben dort ist Geschichte, und das neue Leben ist deine Zukunft, mit der du von nun an untrennbar verbunden bist. Halte dich nicht mehr in der alten Welt auf, sondern begib dich hinein in das Abenteuer der Erschaffung deiner neuen Welt. Mach so lange weiter, bis es dir dort so gut gefällt, dass es nichts mehr gibt, was dich davon abhalten kann, dort zu bleiben.

Erfahrungsbericht

Nachstehend ein kurzer Bericht über meine Beobachtungen der letzten Zeit und die Erfahrungen, die ich mit den zuvor geschilderten Meditationen gemacht habe:

Ich wurde in der letzten Zeit ganz intensiv mit meinen zur Lösung anstehenden Themen konfrontiert – alles wurde mir im Außen gespiegelt, und ich habe die Herausforderung angenommen, bewusst in die Spiegel gesehen und mich den zahlreichen Prozessen ausgesetzt. Letztlich geht es immer um Heilung! Die Aufgaben erkennt man am besten daran, dass sie immer wieder in leicht veränderter Form auftreten, dass sich laufend ähnliche Situationen einstellen und man zumeist emotional darin stark verwickelt ist. Ich habe vieles losgelassen, meinem Ego eine neue Aufgabe zugeteilt, meine Ängste näher betrachtet und aufgelöst und zahlreiche Ereignisse der Vergangenheit geheilt, wie uns Erzengel Jophiel in „Die Heilung, die dir zusteht" angeboten hat. Passiert ist etwas ganz Erstaunliches – der Kampf im täglichen Leben hat aufgehört! Seitdem ich alles Materielle bewusst losgelassen und dem Fluss des Lebens übergeben habe, ist auch dieser Bereich meines Lebens im Fluss und mein Fokus richtet sich auf die neue Energie – die neue Zeit. Vieles ist einfacher geworden und ich fühle mich befreit und bereit, in eine „neue Welt" einzutreten. Etwas loszulassen, bedeutet nicht, dass es aus dem Leben verschwindet, sondern dass es lediglich die Macht über mich verliert! So kann man Geld und Besitz ohne Bedenken dem Fluss des Lebens übergeben und wird trotzdem nicht mittellos sein, und alles, was man für sein Leben braucht, wird immer da sein, sowie man auf die göttliche Führung vertraut und den Impulsen, die laufend von der geistigen Führung kommen, nachgeht.

Derzeit beobachte ich zahlreiche Menschen, wie sie ebenso in diesen Prozessen stecken und sich oftmals mit enormem Krafteinsatz dagegen wehren, das Materielle loszulassen und in Liebe alte Ereignisse zu heilen und auch Menschen loszulassen und sie einfach ihren Weg gehen zu lassen, ohne weiterhin Einfluss nehmen zu wollen. Letztlich habe ich es so empfunden, als würde ich stückchenweise mein ganzes altes Leben aufgeben – es einfach zurücklassen und dankbar als bedeutende Erfahrungsebene abhaken und verabschieden. Ich habe für meinen Prozess des Loslassens den Fluss des Lebens gewählt, mich immer wieder hineingestellt und alles, woran ich noch festgehalten habe, dem Fluss des Lebens übergeben – er hat es fortgetragen, und ich wurde von dieser Last befreit, und zugleich habe ich Platz gemacht, damit Neues zu mir gelangen konnte, und ich wurde und werde laufend mit wundervollem Neuem bereichert, das mir hilft, mich auf die „neue Welt" vorzubereiten. Man kann alles bestellen und es kommt auch zur rechten Zeit! Für mich persönlich hat dies gut funktioniert und ich kann jedem nur ans Herz legen, es selbst auszuprobieren.

Im Anschluss möchte ich Ihnen eine Technik weitergeben, die mir von der Energetikerin und lieben Begleiterin auf meinen Vorträgen, Carina, vorgestellt wurde. Mit der Hilfe von Erzengel Michael konnte ich diese Technik an meine Art zu arbeiten anpassen und habe damit hervorragende Ergebnisse erzielt. Ziel ist das Erkennen und Auflösen von Verhaltensmustern, Ängsten, Blockaden, traumatischen Erfahrungen und vielem mehr. Ich empfehle ausdrücklich, diese Technik nicht alleine anzuwenden, sondern es ist hilfreich, sich Unterstützung aus der geistigen Welt einzuladen und einen Menschen zur Seite zu haben, der im Umgang mit den hier angesprochenen Energien vertraut ist.

Es ist wichtig, dabei einige grundlegende Dinge zu wissen und zu beachten: In erster Linie geht es dabei darum, etwas zu erkennen und Heilung zu ermöglichen. Wir kennen ja bereits die kosmischen Prinzipien aus den vorangegangenen Kapiteln, und wir wissen, dass sich alles im Außen zeigt, was in unserm Inneren vorhanden ist. Nahezu jeder von uns hat es schon erlebt, dass sich Ereignisse und Situationen wie in einem Kreislauf ständig wiederholen und immer wieder mit einer emotionalen Belastung einhergehen. Ich bezeichne sie als Korrekturschleifen, weil sie so lange wiederkehren, bis sie erkannt und gelöst werden. Man könnte meinen, dass man diese ganz einfach mit z.B. der violetten Flamme transformieren könnte, und man kann dies auch versuchen, doch dann, wenn es mit der so hilfreichen Flamme der Transformation nicht funktioniert, ist darin noch mehr enthalten – es geht darum, eine Erkenntnis bzw. ein Geschenk abzuholen, und somit sind wir gefordert, genauer hinzusehen, und das könnte man zum Beispiel auf diese Art und Weise tun:

Prägungen löschen

➤ Zuerst ist es wichtig, die Korrekturschleife zu erkennen und das eigentliche Thema exakt zu lokalisieren. Ohne genau zu erkennen, welche wiederkehrenden Ereignisse miteinander in Verbindung stehen, kommt man nicht weiter.

➤ Als Nächstes wird eine konkrete Situation aus der nahen Vergangenheit näher beleuchtet und beschrieben, was sich dabei zugetragen hat, ohne Schuldzuweisungen oder sonstige Analysen anzustellen. Schön bei den sichtbaren Fakten bleiben.

➤ Danach geht es darum, die Gefühlsebene anzusprechen und genau wahrzunehmen, wie man sich in dieser Situation fühlt. Solche Gefühle sind meist an einer oder mehreren Stellen im Körper wahrnehmbar. Es ist hilfreich, diese Stellen im Körper zu benennen, und dort das Gefühl, falls erforderlich, bewusst zu verstärken, um es deutlicher wahrnehmen zu können.

➤ Ist das Gefühl lokalisiert und man lässt sich darauf näher ein, auch wenn dies manchem schwerfallen mag, dann stellt man fest, dass dieses Gefühl ein guter, alter Bekannter ist, weil es ja in den unzähligen Korrekturschleifen immer wieder mit dabei war.

➤ Jetzt geht es darum, in der Zeit rückwärts zu gehen und die vielen Situationen Revue passieren zu lassen, wo dieses Gefühl aufgetreten ist. Dabei stellt man fest, dass die Situationen zwar oftmals sehr unterschiedlich waren, doch letztlich alle etwas gemeinsam haben. Durch diese Arbeit wird das Bewusstsein über die Korrekturschleife geschärft. Das Ziel ist jetzt, diese eine Situation in der Vergangenheit zu finden, in der dieses Gefühl zum ersten Mal aufgetreten ist. Sofern diese eine Situation im Augenblick nicht eindeutig in der Erinnerung abrufbar ist, so geht man zu der Situation, in der man eben glaubt, dass dort dieses Gefühl erstmals aufgetreten ist. Dieser Suchvorgang kann einige Zeit dauern, oder es fällt einem blitzschnell eine Situation ein und man hat entsprechende innere Bilder zu.

➢ Wichtig ist jetzt, diese Situation genauer zu beschreiben und genau hinzusehen, was damals passiert ist. Nicht selten gelangt man bei dieser Arbeit in eine Situation in der frühen Kindheit oder manchmal auch in einen vorgeburtlichen Zustand, wo eine für das weitere Leben bedeutende Prägung stattgefunden hat. Dabei wurden oft Glaubenssätze gebildet, deren schöpferische Macht jetzt deutlich wird. Diese Situation ist der Ansatzpunkt für die Heilung, die je nach Situation unterschiedlich durchzuführen ist! Bereits das Erkennen der Situation und ihr Zusammenhang mit dem weiteren Leben trägt zur Einleitung des Heilungsprozesses bei.

➢ Ein wichtiges Grundprinzip der Heilung ist die Liebe, denn die Liebe heilt alles. Ein wesentlicher Bestandteil der Heilung ist die Vergebung. Indem man bewusst sich selbst und seinem Gegenüber vergibt und von ihm auch für sich selbst um Vergebung bittet, erfolgt Heilung. Einzelne Bilder, Situationen und handelnde Personen können mit dem rosaroten Licht aus dem Herzen geheilt werden. Zumeist löst sich die Situation dadurch auf. Wichtig ist, dass alles und alle geheilt werden! Sofern es aus früheren Leben etwas zu heilen gibt, sind dazu Bilder vorhanden, denen man weiter folgen sollte, um genau erkennen zu können, worum es denn dabei gegangen ist. Man hat die Erinnerungen deshalb, weil es um nachträgliche Heilung geht.

➤ Kommen wir nun wieder zurück zu dem lokalisierten Gefühl, das mit der auslösenden Situation der zuvor erkannten Korrekturschleife in Verbindung steht. Jetzt geht es darum, die damals erfolgte Prägung zu lösen und damit die Korrekturschleifen zu beenden. Dazu konzentriert man sich auf das lokalisierte Gefühl und fühlt dieses deutlich nach. Dann stellt man sich vor seinem geistigen Auge eine Zauberkiste vor, die keinen Deckel hat und die Fähigkeit besitzt, absolut alles aufzunehmen, was man hineinsteckt. Darin hätte sogar die ganze Erde Platz, wenn es nötig wäre. Der weitere Prozess läuft in zwei Schritten ab:

1. Indem man sich weiter auf dieses Gefühl konzentriert, packt man absolut alles, was bewusst mit diesem Gefühl in der Verbindung steht, in diese Zauberkiste hinein. Absolut alles, was oft nur in Sekundenbruchteilen ins Bewusstsein kommt, soll in die Kiste fließen, und man kann auch seine geistigen Führer bitten, hier mitzuhelfen, damit wirklich alles, was bewusst mit dem Gefühl und der prägenden Situation in Verbindung steht, in die Kiste hineinfließt. Dieser Vorgang könnte durchaus einige Minuten dauern. Wichtig ist allerdings, bei der Sache zu bleiben! Es entsteht dabei eine Art Fluss, der aus dem Körper kommt und in die Kiste fließt. Sowie dieser von selbst aufhört, ist der erste Schritt abgeschlossen.

2. Im zweiten Schritt bleibt man immer noch auf die verbliebenen Reste des mittlerweile bereits deutlich schwächer gewordenen Gefühls konzentriert und bittet darum, dass nun auch alles Unbewusste, das damit in Verbindung steht, in die Zauberkiste hineinfließt – und schon beginnt der Fluss erneut in die Kiste zu fließen. Dies kann wieder etwas dauern, und wenn er von selbst aufgehört hat, überprüft man, ob noch bewusste

oder unbewusste Anteile in die Kiste hinein möchten. Wenn alles geklappt hat, so müsste das Gefühl jetzt vollständig mit in die Kiste gewandert sein.

➤ Nun ist es an der Zeit, die Konzentration auf den Inhalt der Zauberkiste zu richten und die Transformation durchzuführen. Diese erfolgt über dieses gesprochene Ritual:

„Geliebte Engel, liebe Begleiter, ich möchte dies in Licht und Liebe auflösen und alle Verbindungen damit durchtrennen. Es ist mir ein großes Anliegen, dass alle Anteile, sowohl die meines Herzens als auch die meiner Seele zu mir zurückkehren, und ich gebe allen Aspekten auch ihre Herz- und Seelenanteile zurück. Ich vergebe mir und ich vergebe auch Dir und bedanke mich dafür, dass sich alles sofort in Licht und Liebe transformiert. Ich vergebe Dir und bitte auch für mich um Vergebung, damit alles, was jemals mit uns in Verbindung stand, hiermit in Licht und Liebe transformiert werden kann. Alle sind frei und alle bleiben frei für immer und ewig. Dies ist hiermit vergeben. Danke für die Unterstützung!"

Es gibt unzählige wertvolle Meditationen und viele wertvolle Techniken, um sich aus der alten Welt leichter zu lösen und sich auf die neue Welt vorzubereiten. Die hier angeführten sind eine kleine Auswahl, die aus Erfahrung gut funktionieren – sie sind einfach genug und somit für jedermann praktikabel. Falls Sie weitere hilfreiche Techniken kennen, so freue ich mich über ihre ausführliche Beschreibung, damit ich diese auf meiner Website für alle zugänglich veröffentlichen kann. Herzlichen Dank!

Schlussworte

Es ist mir ein ganz besonderes Anliegen, an dieser Stelle meinem Medium Dank auszusprechen, denn es ist soweit gekommen, dass wir nun bereits das fünfte Buch abschließen können und den Menschen hier eine Information zur Verfügung stellen, die ein umfangreiches Bild dessen offeriert, wie diese neue Welt nun aussehen wird. Es ist mir ganz besonders wichtig, dass ihr alle versteht, dass es Menschen gibt, die sich ausdrücklich dazu bereiterklärt haben, den Menschen in dieser schwierigen Zeit beizustehen und ihr Wissen und ihre Fähigkeiten anzubieten, um allen einen Dienst zu erweisen.

Es geht darum zu wissen, dass es davon wirklich viele Menschen gibt und dass die Helfer für den Aufstieg sehr zahlreich sind, auch wenn vielleicht nur ein paar in der Öffentlichkeit bekannt geworden sind. Diesen Menschen gilt ebenso mein Dank, denn sie haben im Verborgenen gearbeitet und haben viel Zeit dafür aufgewendet, um der Erde einen Dienst zu erweisen, und sie alle haben dafür gesorgt, dass dieser Aufstieg für die Menschen, die ihn gerne absolvieren möchten, auch tatsächlich ermöglicht wird.

Das Leben auf der Erde nimmt nun eine gravierende Wende und ihr alle werdet dabei sein und ihr alle werdet beobachten können, wie diese Erde ein völlig neues Aussehen annimmt. Ihr habt verstanden, dass dies nun passieren muss, und ihr alle wisst, dass sich die Menschen das alles selbst so geschaffen haben, was sie derzeit noch erleben.

Die Menschen, die den Aufstieg nicht mitmachen werden, haben sich beizeiten dagegen entschieden, und sie gehen von euch. Auch wenn mancher darüber vielleicht traurig sein könnte, solltet ihr doch wissen, dass nichts im Universum jemals verlorengeht und alle wieder dorthin zurückkehren werden, woher sie einst gekommen sind. Seid gesegnet, ihr Götter auf Erden!

Weitere Informationen über den Autor
und das aktuelle Weltgeschehen
finden Sie im Internet auf

www.botschafterdeslichts.com

und

www.projekt-herz.com

Bitte umblättern...

Bitte lesen Sie auch die anderen Bände der Reihe
Aufstieg und Leben in der 5. Dimension

Erzengel Gabriel/Christoph Fasching
Die Gesellschaft 2015
ISBN 978-3-89568-216-2

Erzengel Gabriel/Christoph Fasching
Die Erde, ein neuer Stern
ISBN 978-3-89568-217-9

Erzengel Jophiel/Christoph Fasching
Die Heilung, die dir zusteht
ISBN 978-3-89568-224-7

Erzengel Michael/Christoph Fasching
Die Rückkehr ins Paradies
ISBN 978-3-89568-225-4

ch. falk-verlag